# La corriente del corazón

## Psicología poética de la realidad

Antonio Galindo

EDITORIAL
MANUSCRITOS

**Dirección editorial:**
Elena Diez de la Cortina M.
**Maquetación:**
José María Adrover
**Ilustración de portada:**
Diego Baselga
**Fotografía de portada:**
Jaime Baselga



© diciembre de 2013, Antonio Galindo
© de esta edición, 2013, editorial Manuscritos
Bitland Producciones S.L.
C/ Domingo Rodelgo 43, nº 16
Morata de Tajuña 28530 – Madrid
info@editorialmanuscritos.com
www.editorialmanuscritos.com
ISBN-13: 978-84-941963-4-8
Depósito legal: M-31531-2013

*A Cayetano Arroyo,
inspiración de unidad*

# Índice

# Bienvenida

A los trece años de mi relato de vida, una ventana de aire fresco dio paso, sin pedir permiso, a mi conciencia dormida, en forma de profesor de historia de la música. Treinta y cinco chicos y chicas, sentados en mesas con sillas, alineadas, esperábamos el tedioso argumento de quien, se suponía, nos iba a sermonear con viejas historias de músicos y estilos. Pero Cayetano (así se llamaba mi querido profesor) me sorprendió cuando, al distribuir roles de compositores entre nosotros, no prestaba atención a los datos biográficos. Para Cayetano, la biografía no era nada, ningún dato interesante, tampoco las obras en sí ni las pretendidas innovaciones o continuidades de las contribuciones como músicos de estos personajes. A quien interpretaba el rol de profesor, en este baile de disfraces de la realidad no reconocida, no le importaba el nombre de quien componía sino la fuerza del corazón que lo anidaba, la esencia que le hacía sentir y crear.

De tal manera, cuando un chico defendía a un compositor, Cayetano preguntaba, no sobre fechas u obras, sino sobre sensaciones. Inquiría: "¿qué eres tú, Mozart?", "cuéntame cómo era tu pueblo natal, Beethoven", "¿había bosques, Bach?", "¿cómo pasabas los inviernos allí?"... Cuando los chicos escuchábamos estas preguntas, de nuestras bocas no salían palabras... Pues no era a la mente a la que se dirigía nuestro amado maestro, sino al corazón, al sentir profundo de lo que la huella del compositor evocaba en nosotros. Cayetano nos invitaba a un viaje a la realidad, a un regreso, a un volver a la conciencia escondida tras los duros argumentos académicos que, con tanta fuerza, defienden los muros de los centros educativos.

Si en algo nos parecemos los seres humanos, en nuestra manifestación cotidiana, es en vivir de espaldas a la realidad. Es más, los arraigados mecanismos de desconexión de la Naturaleza y cierre del corazón que hemos interiorizado sin darnos cuenta, hacen que perviva en nosotros un resorte mental que analiza lo que experimentamos, en vez de la propia vida sentida… Ello nos hace defensores de una imagen de nosotros que nos ha alejado de lo que verdaderamente somos. Cayetano me enseñó que vivo en la dualidad y que el corazón me reconecta con lo que es UNO, un *uno* que todo lo abarca y todo lo integra, en el proceso inconsciente en el que me hallaba, de progresiva y sutil aversión a la realidad.

Las páginas que siguen representan un acercamiento a lo que soy, a lo que eres, en clave poética, pues el corazón no es sólo el órgano que da vida, sino una puerta para diluirte en la realidad. Las palabras que en estas páginas se suceden son argumentos conectados que adquieren sentido cuando dentro de ti se produce la resonancia. Resonar es sentir que, lo que aquí se dice, se une con lo que hay dentro de ti. No busques forzar ni una lectura rápida ni una comprensión que no te suceda. Deja que te traspasen las palabras, sin esfuerzo, pues poco puede la voluntad obtener de estas sensaciones que, ahora, comparto contigo. No puedo recomendarte sino que degustes los párrafos lentamente, deleitándote en cada palabra y notando el roce con las sensaciones que hay en ti.

Deja que la corriente del corazón te inunde, como lo ha hecho conmigo, al romper el silencio mientras escribía, sin más propósito que el de saltar afuera y ser uno contigo.

Antonio Galindo
asemo@asesoresemocionales.com

# 1. Estar relacionados

*Hay una señora triste que le dice a su esposo que no quiere verle y una chica que, nerviosa, señala en la calle, ante su amiga, al chico que le gusta. Éste, emocionado, le dice cada mañana a su madre divorciada que la quiere, porque aún vive con ella. Y la madre le reprende con altivez y semblante airoso; le dice que, cuando está con su padre, no puede hablar con él, que si prefiere al padre, que se vaya de casa.*

*Al estar angustiado y en paro a los 50 años, el padre del chico ha enviado su currículum a una empresa de la que aún no ha obtenido respuesta. Está tan inquieto que llama a la responsable de Recursos Humanos, quien no coge el teléfono porque está extasiada con su amante en unas islas perdidas donde nadie puede verles. Pero el amante se ensimisma, al segundo día, porque no ha acabado el proyecto para una compañía petrolera.*

*El jefe de proyectos de la petrolera está que trina porque su hijo lleva tres días fuera de casa, sin avisar. Y es que el hijo está con un grupo de amigos, en un concierto, y pelea con un desconocido porque le ha llamado cobarde. El desconocido no pasa un día sin enrabiarse ante la televisión porque las petroleras suben el precio de la gasolina. Y el jefe de proyectos de la petrolera en cuestión tiene que trabajar el fin de semana, en el momento en que el amante de la responsable de Recursos Humanos le llama para decirle que se verán la semana que viene. Lo que relaja al amante para dedicarse a estar con ella. Pero ella, ahora despechada por la desatención, le dice adiós.*

*Y es el padre de 50 años quien le hace volver a decir hola cuando, compungida, por fin coge el teléfono y este señor la conmueve, lo que hace que el padre de 50 años tenga trabajo y pueda decirle a su hijo que vaya a vivir con él.*

*Un día la chica que le mira y señala por la calle encuentra súbitamente al chico y le pregunta que cómo está, y se van a tomar un café, justo en el lugar donde la señora le está diciendo a su esposo que no quiere verle.*

Por una razón u otra, estas son situaciones que involucran relaciones. Hablas de relaciones, vives relaciones, gozas relaciones, las sufres, las admiras, las repudias, las careces, las idealizas, las tienes. Tienes relaciones, estás en relación permanentemente. La relación ocupa el tiempo y el espacio. Estás relacionado. Vives en *re-lación*.

¿Hay situaciones de no relación? Aparentemente estas:

Me duele la cabeza

Respiro

Hablo

Como, duermo…

…aunque parece que, en el fondo, insinúan una invisible relación de ti contigo mismo, con el dolor, con la respiración, con la comida, el sueño o el silencio…

Sin duda alguna, las muestras más cotidianas de lo que son relaciones suelen ser el simple hecho de hablar, de comentar, de compartir… Tales circunstancias te ponen *en relación*. Eres hijo de la relación, cuando haces de padre, pareja o amigo. Como cliente, súbdito, empresario o colega… Los papas y los reyes se relacionan, y se relaciona el mundo, de manera misteriosa, con otros mundos.

Las definiciones de los diccionarios son tediosas y frías, como salidas del laboratorio: relación es… juntar, unir, comparar, establecer conexión entre personas o cosas. No saben los diccionarios que las relaciones no son conceptos sino tramas ocultas de actores que suben a escena, sin haber hecho ensayo alguno. Tienes relaciones con los objetos, las personas, los lugares. Te vinculas. Relación es vínculo, ascensión, remar contra corriente y ganar un premio. Relación está arriba, abajo, delante y detrás. A la que te descuidas, te relaciones y, cuando no lo piensas dos veces, te enganchas.

Te relacionas con lo que llamas el pasado, el presente, el futuro.

Relación es que hay algo más que tú y que te rodea, circunda. Lo que hay ahí fuera tiene que ver o no contigo, pero en cualquier caso, lo ves, lo tocas, sientes, muerdes. Rehúsas, agarras, huyes o amas. Las relaciones están por todas partes: quien se relaciona mucho, quien poco, quien tiene malas relaciones, buenas, regulares, quien las ansía, quien las pierde, quien las gana, quien las busca, quien las encuentra, quien desearía no tenerlas, quien desearía otra... Son moneda de intercambio permanente entre personas.

Te relacionas constantemente. Vida y relación van de la mano.

En los laboratorios de psicología se han analizado sus naturalezas, se dice de ellas que hay tipos... Tipos de relación... lo que quiere decir que hay categorías diversas y que pueden aislarse, distinguirse. La mente las distingue y, así, asegura que lo que ella protege como relación, no se le escapa de las manos…

## Las relaciones, primero, adentro

Dentro de ti existen relaciones: tus células se relacionan entre ellas, tus músculos y neurotransmisores. Se combinan átomos, sustancias y flujos para producir reacciones. Se relaciona el ritmo del corazón con la respiración: si aumentas la intensidad del esfuerzo se producen nuevas relaciones bioquímicas que impulsan procesos a los que luego llamas movimiento, expansión, cansancio o bienestar. Sucede además que dentro existe una conversación permanente contigo. Te relacionas y te tratas en aparente silencio. Cuando estás solo, en realidad no lo estás. Lo llamas soledad porque no hay otra persona, pero olvidas el movimiento interior enorme que subyace a cualquier relación externa. Parece que callas porque tu boca no emite sonidos, pero dentro hay sonidos, hay un universo entero que se desarrolla, crece y muere a cada instante.

No tienes el gran angular para ver con los ojos o escuchar con los oídos, el murmullo interior... pero tienes esa sensación que fielmente te informa de cómo se está ahí adentro, dentro de lo que sientes que eres tú. Adentro canta la corriente de flujo sanguíneo, el susurro de un ir y venir que no cesa de recorrer una y mil veces cada una de tus venas. Dentro de ti existe el movimiento más apasionante de los movimientos: hay ríos, montañas, laderas. Tu estómago exige cuando tienes hambre, los ojos lloran cuando te emocionas, la lengua saliva cuando se impregna del sabor de lo que comes. Al masticar, generas nuevos movimientos y se involucran músculos que movilizan la digestión. Tú crees estar solo. Pero estás acompañado de vísceras, sangre, agua, alimento y, entre estos elementos, hay compenetración, rituales, modos de comportamiento, pautas de acción, reglas, decretos y conexiones. En tu cuerpo hay poemas, conciertos, estelas que cruzan y tú, ajeno a ello, emprendes lo que emprendes partiendo de la consideración de que dentro de ti no hay nada, o que, lo que hay, es la ausencia de algo que puedas llamar relación.

Y dentro de ti, aparentemente a solas, sucede que te sientes de una determinada manera, lo que parece, a su vez, relacionarse con lo que piensas y ello, de igual manera, impacta en lo que haces o dejas de hacer. También las relaciones se dan entre el cuerpo, lo que sientes y tu modo de percibir. Tu manera de opinar, de ver el porqué de las cosas, es la consecuencia de otras relaciones que tienen lugar dentro de ti: cuando algo te perturba o te molesta, cuando algo te da placer o te fascina, acusas una sensación que surge sin saber de dónde pero, en definitiva, es el resultado de movimientos internos, imperceptibles, que se han vinculado, entre sí, para contarte que algo te gusta o no, que te atrae o lo repudias.

Eres relación, por dentro y por fuera.

Los gustos, lo que admiras y lo que rechazas son una consecuencia de cómo te relacionas dentro de ti, de cómo los elementos se combinan, sin apenas darte cuenta, y tú te gozas o sufres un resultado, que parece surgir de la nada misma pero que se ha vinculado con el movimiento interno que te constituye y del que no eres consciente. Más allá de tu conciencia, las relaciones viven dentro de ti y se reflejan en lo que llamas tu ideología, tu moral, tu inhibición, tu osadía, tu manera de mirar y aquello a lo que llamas personalidad. Tu manera de ser es el espejo de las relaciones internas que se forjan adentro, en ese silencio lleno de ruido imperceptible a tu conciencia. ¡Cuánta vida hay aparte de lo que crees que sabes y piensas, más allá de tu control y de la idea que tienes de ti!

El auténtico movimiento es el que se expresa a través de las —para ti— secretas reuniones de los elementos que conviven, conspiran, deciden y resuelven sin tu aparente permiso. Y tú vives sólo el resultado de que te gusta esto o aquello, de que eres reservado o agresivo, hambrón o desganado, cobarde o valeroso... En definitiva, no estás solo. Tú te acompañas y las múltiples combinaciones dentro de ti se compaginan, muestran, escuchan, aparecen, surgen, evolucionan, compiten, rasgan, muerden; se encogen, abren, expanden, cierran, gritan, estiran o enmudecen.

Y entonces surge la pregunta: ¿prestas atención a lo que internamente llevas puesto? ¿Cómo te relacionas contigo? ¿Cómo te llevas contigo? ¿Qué sensaciones existen en tu mundo interno? ¿Cuál es tu opinión de cómo se combinan todos estos elementos dentro de ti? ¿Sabes que, cuando te relacionas afuera (con otras personas), en realidad llevas incorporado —a lo mejor sin saberlo— el amplio mundo interior de las relaciones adentro?

Estas relaciones de adentro —aparentemente sin importancia— son la gran influencia en lo que vives afuera con otros. Es más, cuando hay otras personas, no existe distinción entre afuera y adentro. Te relacionas de un golpe, todo a la vez, pero suele ser que, embelesado con lo que pasa (afuera), te olvidas que hay un adentro. Y el adentro es tu termómetro de la propia temperatura en las relaciones afuera. Si no estás atento a las relaciones adentro, creerás que las relaciones afuera existen aparte de ti. Y no es así. Cuando sientes amor, celos, te quejas de alguien o sientes que te dan placer o te hacen daño, el adentro canta y habla dentro de ti. Y tú, sin saberlo, sin considerarlo, vives la vida creyendo que son los otros quienes te elevan, te encumbran, te aplastan o enloquecen.

Cuando sales afuera no sales sólo con otros. Ya estás acompañado. Primero sales contigo. *Contigo* te acompaña. Siempre. Te muestras solo y apareces físicamente solo pero la relación contigo habla constantemente de ti y por ti, la llevas puesta. Trasladas contigo la huella del concierto interior, del desfile interminable de sensaciones (ignoradas tantas veces) que han tejido la tela de tus apegos, preferencias y aversiones. Nadie sabe de tu concierto. Quizás ni siquiera tú, pero te enteras de la música que suena cuando impactas con otro que te sorprende, reta, desdice, enamora, alegra, fastidia o desgana.

Las relaciones adentro se comportan como los miembros de una orquesta, son voces internas que se disparan, a modo de músicos interiores, de los que eres inconsciente. Pero ellos tocan su instrumento, emiten sonidos, hacen ruido, crean canciones y sinfonías que te informan de las decisiones que dentro ya tienes tomadas. Eres ajeno a tu concierto interior y te envuelves en relaciones afuera, ignorante de que ya has elegido la música que te gusta, de que no todo te va bien y de que vibras con algunas cosas y mueres por otras.

*Imagina que tú sales conmigo por primera vez. Yo tengo ganas enormes de encontrar a alguien especial y tú sientes que, por primera vez desde hace tiempo, tienes cosquillas en el estómago.*

*Cuando tú sales conmigo me olvido de mi sintonía interior y, al hablar contigo, no me doy cuenta de que tú te olvidas de la tuya. Tú quisieras prescindir de tu temor a que te vuelvan a hacer daño, de tu inseguridad y de tu profunda necesidad de que te amen sin condiciones. Estas voces interiores tuyas no se escuchan pero las notarás cuando yo tienda a hablar más bien poco y tengas que sufrir para sacarme las palabras, cuando refiera que me gusta que una mujer me haga sentir bien y que deseo que me escuchen. Dentro de ti sonará entonces la decepción y creerás que yo soy quien te decepciona cuando, dentro de ti, la decepción empezó antes.*

*Yo, también acompañado de mis voces interiores, temeré que me interrogues cuando no quiero, que no acojas mi sufrimiento y que no respetes mi libertad. Estas relaciones interiores mías no se escucharán hasta que sienta que tú me reclamas ser escuchada, discutas todo lo que sea necesario para construir una relación e insistas en vivir bajo el mismo techo.*

*Todo, en apariencia, hace pensar que ambos buscamos llevarnos bien, nos ilusionaremos con la idea de que la relación funcione, pero tarde o temprano, creeremos que, si no hay éxito en lo nuestro, es por culpa del otro.*

*No me atrevo a reconocer que, antes de ser tú la causa del fallo de la relación, hay otras relaciones mías, profundas, internas, que ni siquiera me cuento porque vivo sólo en una apariencia.*

Raramente te planteas que la falta de fluidez en las relaciones tenga que ver con tus propias relaciones adentro. Ese sonido interior está presente pero no reconocido. Eres sordo a las melodías de tu interior y, por lo tanto, te metes en laberintos de los que luego no sabes salir. Si supieras presentarte ante mí, habiendo reconocido también tu relleno interior, tu relación conmigo gozaría de otro color, te llevarías sólo las sorpresas que te catapultan al viaje más temido e inevitable que te espera, la conciencia.

Eres inconsciente al relacionarte afuera sin tener en cuenta que el adentro manda sobre ti, te domina, sobrecoge, exalta y habla por ti. Más hablan de ti tus relaciones interiores que tú mismo. Las interiores te cuentan la verdad de ti pero tú no sabes que tienes verdades dentro. Te quedas con que el otro es simpático, abierto, decidido, orgulloso o reservado. Lo describes muy bien. A eso lo llamas relación. Pero te olvidas de que, lo que percibes del otro, se está sintonizando previamente con tu movimiento interior. Así, eso que percibes del otro, indefectiblemente se gesta desde tus músicos interiores. Lo que ves y percibes del otro está mediatizado por una canción interior que se canta a sí misma aunque no te des cuenta. Para eso te invito a que reconozcas tu música preferida...

Ajeno a tu música preferida, te olvidas de que la relación contigo mismo es la esencia, la base, la plataforma sobre la que discurren el resto de relaciones. Crees que sólo cuando el otro se hace presente, entonces estás acompañado, pero tienes ya mucha presencia dentro de ti sin necesidad de que haya otro. Llevas contigo la orquesta filarmónica más grande del mundo. La tienes dentro, en la combinación interminable de relaciones internas que te acompañan. Tienes sonidos, melodías, sonatas, tocatas y fugas, réquiems, salmos, poemas sinfónicos y letras muy antiguas, mucho... Son arcaicas y se remontan a lo que tú conoces como tu historia, un bello recuerdo de cosas que se amalgaman.

Tu música manda más en una relación que la serenata que oyes de boca de quien te acompaña ahí afuera.

Tu opinión de las cosas es una manera que tienes de darte cuenta de las relaciones que vociferan adentro. Lo que mantienes como claro, lo que aseveras, lo que dudas, reservas o descartas, es el reflejo, la consecuencia de tu sistema interno de relaciones. Estas relaciones se manifiestan cuando hay otros y tus reacciones tienen que ver con lo olvidado o presente que las tienes. Son el auténtico motor de cómo encajas y vives las relaciones con otras personas. Toman partido por ti y luego culpas de ello al otro. La música que te gusta ya está decidida, antes de que te relaciones con nadie afuera. Tienes una música preferida y otra detestada. Y la música del otro... te gusta o deja de gustar porque choca, se acopla o interfiere con la tuya. Tu sensación de éxito o fracaso, en la relación con otra persona, es la consecuencia de contrastar tu música con la del otro. El otro te atrae o le rechazas en base a lo que ya existe dentro de ti. Lo que existe no es ni bueno ni malo. Existe. Existen canciones tristes, alegres, lánguidas, tenues, amorosas, suaves... pero del repertorio te enteras cuando interactúas afuera y empiezas a sentir que una cosa te cautiva y otra te desconsuela. El agrado y el desagrado primero se conectan dentro y, lo que sientes con otra persona, es un poderoso reflejo de la primigenia conexión que hay en ti.

No te conoces, no te sabes, no te sientes, no te adivinas. No hay reconocimiento de las relaciones adentro. Ninguno...

Lo que describo no es algo que tengas que pretender. El reconocerte es parte del proceso de la vida y se va atestiguando en el transcurso de las relaciones, sólo que, si te olvidas del impacto que en ti tienen las relaciones adentro, estás expuesto a que las relaciones afuera te confundan:

- Si las tienes en cuenta, entonces eres consciente de estas relaciones internas y tu movimiento afuera tenderá a mantenerte conectado con todos los elementos que te rodean. Sabrás valorar lo que es tuyo y lo que es de los demás en una perspectiva de aprendizaje y amor genuino permanente.

- Si no las tienes en cuenta y eres ajeno a su influencia, entonces tendrás tendencia a considerar a otras personas como la causa de tus problemas y tus alegrías. Te están faltando elementos, dado que sólo darás importancia a lo que hagan o digan los demás, sin reparar en lo que es tuyo. Y a lo que aspiras entonces, es a mendigar el amor de otros sin nunca sentirlo en ti.

Eres caminante, en tierra extraña, de la relación contigo mismo. La primera y esencial relación es la que tienes adentro. Y, la no consideración de ello, es motivo para sentirte de la manera que te sientes.

Hablemos, por lo tanto, de sentimientos...

## Navegar en tu interior

El afán por comprender las relaciones afuera te hace insensible a ti mismo. Te genera una aversión a la realidad de la que no sabes salvo cuando dejas espacio para la sospecha... La sospecha de que las relaciones no son, ni de lejos, los conflictos o placeres con los que te quedas. Tu mente, como mucho, te acercará a entrever que, tras las desavenencias de una relación, el otro tiene un adentro que no te había contado. Y buscarás tremendas excusas racionales que justifiquen que, al no saberlo tú antes, es el otro quien te ha defraudado. Pero la clave está en ir más allá: descubrir que *tu adentro* también existe y opina antes de que el otro te ame, defraude o traicione.

Tu desconsideración de este lugar interno hace que te muevas en la vida sugestionado, creyendo que las relaciones dependen exclusivamente de aquello que te hacen los demás o tú les haces a ellos, sin reparar en las huellas que tanto, uno como otro, llevamos incorporadas más allá de lo que uno y otro hacemos. El agobio, la decepción, el resentimiento, la culpa... parece que tienen una causa: algo que yo hice o dejé de hacer, o algo que el otro hizo o dejó de hacer. Todo resulta correcto aparentemente pero justo se trata de eso, apariencias, pura apariencia...

Cada situación que te sucede con otra persona tiene al menos dos partes:

- El hecho en sí: alguien no para de hablar de sí mismo y te molesta; otra persona se queda con tu cliente; Carlos no vino a la hora que te dijo, y no le dijiste a Pedro que le querías. Hasta aquí todos estamos de acuerdo. Son hechos.

- La opinión sobre ese hecho que causa una emoción: el agobio, la decepción, el resentimiento, la culpa... o cualesquiera otras. Aquí empieza el desacuerdo porque cada cual hace una valoración diferente del hecho y tiene opiniones diferentes.

A ti te puede molestar que alguien no pare de hablar de sí mismo, pero a otra persona no.

A ti te puede decepcionar que alguien se quede con tu cliente, pero otra persona puede verlo como algo normal en estos tiempos.

A ti te puede parecer que el hecho de que alguien llegue tarde sea imperdonable, pero hay quien consiente este suceso y no le afecta en absoluto.

A ti o a mí nos puede hacer sentir culpables no haberle dicho a alguien que le queremos, pero otra persona lo puede vivir como una liberación interior.

En cada situación, hay algo que va mucho más allá de lo que el otro hace o deja de hacer (o tú haces o dejas de hacer) y tiene que ver con el modo en que encaja esa situación en tu expectativa, con tu afectación personal y lo que sientes. No estás vacío ante las nuevas situaciones sino plenamente lleno, de ti mismo, de tus necesidades y expectativas personales, de tus heridas y faltas de claridad, de la manera en que aprendiste a sobrevivir por buscar un amor de mendigo fuera de la relación contigo.

La afectación personal es la huella, y esa huella emocional es la que hace que te sientas involucrado en el hecho en sí: te afecta y te alegra aquello que tiene que ver contigo. Si no tuviese que ver contigo no te darías por aludido. Pero no tiene que ver del modo en que crees que tiene que ver.

Si alguien te ha dicho en la mañana que pasaréis una velada juntos en la noche y luego no se presenta, pueden suceder varias cosas:

- Que lo veas como algo normal (y no te afecte lo más mínimo).
- Que lo censures y veas como una falta de educación o de respeto a tu persona.
- Que lo contemples como una oportunidad para hacer algo diferente con tu tiempo de velada.

…y luego están tus reacciones:

- Puede que nunca más lo veas.
- Puede que te rías y lo hagas tú la próxima vez.
- Puede que le reprendas y le exijas que no vuelva a pasar.
- Pueden pasar tantas cosas…

…pero tú te crees que lo que pasa es lo único que puede pasar. Esta es la consecuencia de tener opiniones. Una opinión es una manera de alejarte de lo que está sucediendo y, antes de darte cuenta, te salta la alarma de lo que sientes, automáticamente asociada a tu opinión. Lo que sientes tiene que ver contigo (y no con el hecho) pero, al confundir opinión con hechos, te pierdes. Das por válido el sentimiento, desterrando que lo que lo causó fue tu opinión, tu decreto de tomar distancia de la realidad para proponerte a ti mismo en juez de los sucesos.

Ya sabes: cuando opinas, sientes.

¿De dónde proceden la opinión y el sentimiento que te acompañan? De un lugar que existe ya en ti. Las cosas te afectan o no en función de algo que forma parte de *tu identidad emocional.* El invisible proceso que ocurre adentro es como un cuento de niños: hay un hecho que te afecta (que deja en ti una huella) y causa rebote y reacción. Planteamiento, nudo y desenlace… sólo que ahora el cuento no es ajeno a ti sino parte misma de lo que te está pasando. Ajeno a tus conciertos interiores, te conviertes en un saltimbanqui que *reacciona* cuando el otro se acerca y emite opiniones sobre tu manera de ser o actuar. Entre un interruptor de la luz y tú no hay diferencia alguna cuando *te tocan*, sea que te enojes o conmuevas. Y es que eres un puro mecanismo de repetición que camina con una venda en los ojos y, al toparte con otro, ni te disculpas, porque te arrogas el derecho de creer ver estando ciego.

Procedes del mundo de las sombras pero eliges la arrogancia como escudo y reniegas de tu herencia. Lo que hay afuera es de plástico, metal, dorado y contundente. Pero el adentro es vulnerable, tierno, frágil y, sobre todo, tuyo.

No te relacionas con la gente sino con la herida de la gente.

No te relacionas conmigo sino con mi herida. No me relaciono contigo sino con la tuya.

# 2. Cuando habla el corazón

## El abandono

*—Todo empezó en octubre del año pasado —dijo mi cliente.*

*Miguel, mi cliente, es un hombre alto, delgado, de talante conversador, reservado para su intimidad y cree en el amor.*

*—Empezó que la conocí y sucedió que, tras un mes de intensa relación, decidió dejarme.*

*Nunca había sentido la fuerza del apego de aquella manera. Nunca.*

Miguel se sintió abandonado y me dijo que no sabía bien qué le pasaba. Después fue observando que, lo que le sucedía, estaba siendo la mejor experiencia de su vida.

Si Miguel estuviese aquí, habría seguido diciendo...

*—Fue un proceso. Primero, echando mano de la razón, creí que no importaba. Pero pasaron unas semanas y, en vez de llegar el olvido, se impuso la emoción desbordada. ¿Qué me está pasando?, me inquiría a mí mismo. No entendía...*

Lo mejor es que no había nada que entender porque no era la lógica la que hablaba sino el corazón que se abría paso, por fin, entre las madejas atávicas de juicios, motivos y razones. Pero la mente quería ser, como siempre, la protagonista y la resolutoria de la situación. Si a la mente le das lugar, ella cree que puede con todo. Pero la mente lo que sabe hacer es pensar, analizar, atar cabos, buscar razones, establecer causas y efectos... cuando lo que le estaba sucediendo a Miguel era un desbordamiento.

¿Te has desbordado en alguna ocasión? No hace falta tener la experiencia de ver el desbordamiento de un río cuando es el corazón quien se abre paso en la coraza metálica de argumentos, esquemas, motivos, analíticas y sistemáticas que han endurecido la carne vulnerable y tierna de las vísceras del alma.

¿Sabes que las vísceras cantan? Que tienen su propio himno... Un canto aleve, suave, a veces imperceptible, que se expresa en el código del sentir. El corazón es como un niño que está aprendiendo a emitir sus primeros balbuceos: "anda, si sé hablar, si tengo voz". Te sorprendes a ti mismo cantando sin emitir sonidos, expresando sin ser percibido acústicamente... Pero es que esta canción no es de notas audibles sino de entrañas que sientes muy a pesar tuyo.

Abrir el corazón sucede cuando menos te lo esperas, de repente, sin aviso. La vida no avisa y por eso es vida. El trozo de vida que se presenta como visita inesperada es precisamente la vida más real. ¿Cuántas visitas inesperadas has tenido en tu vida? Piensa en ellas. Piensa en las sensaciones que te produjeron: malestar, confusión, necesidad de control, temor a no poderles atender adecuadamente, y también... alegría, excitación, sequedad de boca, exasperación, ganas de que nunca acabe... o deseo profundo de que tanta emoción se desvanezca lo antes posible. Como con las visitas inesperadas, la apertura de corazón te anuncia que eres más de lo que creías de ti mismo. Que tienes más estómago del que considerabas y, entonces, te planteas que no eres quien crees ser, no de la manera en que te conoces hasta el momento.

## El código del corazón

Yo no sabía que el corazón hablara, se expresara por su cuenta y riesgo. Entonces la mente intentaba echar un cable, componer el desorden, callar a los cantantes para recuperar la sordidez de su discurso. El cauce de la mente es previsible, ordenado, como una marcha militar. Pero las zozobras del corazón siguen vías insospechadas, imprevisibles, a las que sólo algunos están acostumbrados. Y yo, con mi habitual costumbre, no sabía que, lo que me emergía, era la fuerza que siempre había echado de menos. Sólo que me surgía de manera extraña, expresándose en un idioma que apenas apreciaba, no entendía —me decía ella, mi mente. Pero daba igual que entendiese el idioma porque había llegado el momento de sentirlo. Se había acabado el entendimiento. Los límites de mi aparente capacidad para abarcar lo manejable estaban dando paso a un despertar onírico, a una nueva versión de mi manifestación en el mundo. Estaba naciendo, desde el dolor, al alma de las cosas... casi sin darme cuenta de que ello era lo que siempre había buscado. Y *lo que había estado buscando* me estaba encontrando a mí. Y mi mente, *yo*, sin saberlo, descartándolo, desoyéndolo, atemorizado por el insondable dolor para el que siempre había pedido un rápido desenlace.

Esta vez el desenlace no era tal. Es más, no había desenlace. El corazón no se desenlaza sino que enlaza la trama y sigue... La clave está en mantener la apertura porque, a la que cierras, se esconde. Para el corazón no hay previsto final. Su camino es indeterminado y se ceba de dejarle estar, de dejarle sentir y que adopte la forma que disponga para expandir su expresión. La mente concentra pero el corazón difunde, esparce, contagia, irradia... Para las mentes, los corazones son como extranjeros que hablan a voces y necesitan encajarlos en espacios cerrados, en jaulas y hoteles de lujo. Pero el corazón no entiende de puertas, sino de corrientes.

¿Has sentido la corriente de tu corazón?

Soy hijo de lo blando, lo tierno, las entrañas, el alma, la nebulosa que se teje entre finos hilos de sangre y vísceras. Yo pensaba que mis padres eran el hierro, la sistemática y la determinación. Pero un día todo adquirió un nuevo color. Era como haber descubierto que, a quienes había llamado padres hasta la fecha, no eran sino padres adoptivos y que los padres auténticos eran ahora unos desconocidos para mí. Pero no por desconocerles, me eran indiferentes. La mente pide un desenlace rápido para no sufrir. Ella se maneja mal con las emociones intensas. Pero lo que la mente no sabe es que la intensidad es una sugestión que ella se inventa para evitar salpicarse de la corriente del corazón.

¿Sabes? Yo no sabía que tenía un corazón. O mejor dicho... no sabía que habla como habla. ¿Sabes si habla tu corazón? Sólo puedes responder a esta pregunta si le has hecho hueco, al menos una vez en tu vida, a la corriente que te aleja de la idea que tienes de ti y te conecta con el desbordamiento de los sentidos.

## Los sentidos

¿Sabes cómo te acompañan los sentidos? ¿Sientes el sentido de los sentidos? Son cómplices de este viaje-vida que se te despliega cada mañana cuando despiertas después de creer que estabas dormido. El sonido se hace presente cuando el cuerpo cansado o descansado entona el nuevo día. El oído abarca la dimensión a la que no llega el ojo. El ojo, inquisidor (entrenado hasta la saciedad en petrificar lo que ve y llamarlo como quiere) recibe del oído un aviso invisible que le alerta de que la hora ha llegado, que la transición del sueño ha terminado. ¿Te has dado cuenta de que antes de ver, oyes, o quizás hueles? Hay personas que tocan y sienten en su piel lo que a otras la visión les informa de que es por la mañana. Para otros, la sequedad de boca es su despertador matutino. Y entre gusto, tacto, oído y olfato se eleva la visión que te conecta con el conocimiento de las cosas, con la memoria opaca de todo lo que te rodea.

¿Sabes que, cuando miras, en realidad recuerdas?

Los ojos se alimentan de la memoria de ayer, de antes de ayer, de la casa en la que vivías cuando eras pequeño... El ojo te afianza a la estructura de lo que conoces de ti y te propone que sigues siendo el que eras. Pero tú no te das cuenta. Sólo respiras (si acaso te apercibes) y supones que, lo que ves, es lo mismo que había ayer. Ver con los ojos es suponer que las cosas son como siempre fueron. Una suposición. Simple y llanamente. Suponer es volverte a encontrar lo que ya sabes a la hora que te esperas en el lugar en que seguro lo encuentras.

El ojo te asegura. El oído te protege. El olfato te ancla. El sabor te sitúa y el tacto te sostiene. Y siendo así, ¿qué dejas para la sorpresa?

¿Y si dejaras por un instante de suponer? El creativo miedo te haría una visita en ese instante y entonces la mente te diría que estás equivocado, que no hay motivo para buscar algo diferente a lo que ha sido siempre. *Siempre* es la canción de la mente. Es como un cuentista aburrido que repite la cantinela, a riesgo de perder su empleo. ¿Y si te dejaras sorprender por lo que el corazón te ofrece? El corazón, cuando se hace presente, rompe los planes programáticos de la memoria. Y te invita a salir de lo que ya te archi-sabes para mostrarte la aventura del límite de los sentidos. Prueba a llevar el ojo al límite de su capacidad de visión. Prueba a ver más allá de lo que ves todos los días. ¿Cómo? Sintiendo lo que ves. Prueba a llevar el oído al límite de lo que siempre escuchas. En el fondo, la escucha sólo interpreta para ti la música que le has pedido. Cuando escuchas la misma música te sientes seguro porque la *re-conoces*.

Cuando saboreas la tostada de la mañana.... ¿es el mismo sabor de ayer el que te cautiva? ¿Has pensado que lo que te excita es reconocer que, lo que tienes entre manos, te provee otra vez de lo que esperas? No hay nada nuevo, aunque sea otro día es lo mismo. Más de lo mismo.

En realidad, has convertido la vida en un recuerdo. Un recuerdo. Te motiva el recuerdo del sabor de la tostada con mermelada de frambuesa. Sólo eso. Pero, en realidad, no estás probando nada, sólo recuerdas que eso que tienes en la boca se parece a lo que dices que te gusta. Lo que te gusta, te gusta porque lo has hecho recuerdo. Lo has anclado en tu mente y, repetirlo, te seduce. La mente ha aniquilado la experiencia de probar. Le llama probar pero es mentira. En realidad ordena encontrar el mismo sabor. No quiere probar, sólo degustar y que se parezca a lo de ayer. El ayer...

Yo no sabía cuál era el lugar de los sentidos. Para la mente, los sentidos, en el fondo, son sólo uno, el recuerdo. Ni siquiera eso. La mente prefiere adivinar, anticipar, suponer la información que dan los sentidos… pero se equivoca. Porque la mente no siente sino que procesa el sentimiento. Más bien teme a éste. Por lo tanto, se eleva por encima de él y establece jerarquías, soberanos y lacayos que cumplen ordenadamente lo que hay previsto para los sentimientos. Se inventa un reino por encima de la realidad del sentir. Y cree que es superior a ello.

## Vida es movimiento

¿Qué es vida? Vida es movimiento.

El movimiento significa que tú no eres ahora lo que hace un segundo. Que ya no ves lo que acabas de ver.

No te cabe en la cabeza pero lo sientes en tu cuerpo. Sabes que no te cabe lo que respiras. Pero te has acostumbrado a creer que eso es respirar. Los pulmones contienen el aire. Tiene un límite y tú crees que el límite de la respiración es tu propio límite. No hay límites. Te lees en los límites de tu pulmón, de tu estómago y de tu cabeza cuando do justo la vida empieza donde acaba lo que llamas "no cabe más". Esa es la percepción de la mente. Es tan grande lo que vive en ti… que no cabes en ninguna parte.

No cabes. En ninguna parte. No hay partes que te contengan, pero los sentidos te indican el límite de las cosas para tranquilizar la incomprensible vivencia de que eres movimiento.

Observa el movimiento de estas palabras: se mueven. Se mueve el libro entre tus manos y, más allá del reposo de tus ojos en las letras negras de imprenta, hay un compás que te sostiene. Escribo frases largas. Luego cortas. Luego más cortas. Ahora. Y tú, cuando lees el libro, te olvidas que te escribes en tu propio libro, abierto por dentro. Mira tu música. También la tienes. Tienes un movimiento exquisito que se expresa y te delata en cada una de tus acciones: tus pensamientos tienen un ritmo, cambian... Tu aliento se mueve, el aire sale por tu nariz y salivas a cada tanto. Usas frases cortas o largas, te enrollas, callas, pausas o saltas... Con tus pensamientos ordenas lo que te sucede, y ellos responden a otro ritmo, a una ola que canta en un idioma que jamás aprendes porque es nuevo cada vez para ti.

No intentes aprender tu idioma, pues se manifiesta y desenvuelve sin traductores ni gramática. Se desvela con la observación de tus tiempos, de tus intentos por hacer y dejar de hacer, de la voz que te sale cuando no quieres, cuando *metes la pata* creyendo que lo que dices es indebido, incorrecto, ambiguo o desafortunado.

¿Cómo puede la mente entender que eres movimiento?

No puede.

Imposible.

En los imposibles está realmente el secreto.

El movimiento (la esencia de las cosas) no se enlata, no tenemos medidores de su aspecto ni frascos que lo contengan. El movimiento se mueve. No sabes qué es el movimiento.

Miras y buscas lo de ayer para que siga siendo lo que siempre ha sido. No sabes, ni idea de lo que eres cuando lo eres. Acostumbrarse al movimiento es morir a la percepción de lo que siempre viste como cierto.

Ni idea lo que significa cambiar a cada instante. No sabes lo que es el presente. Es imposible que lo alcances. No insistas. No hagas cursos. No te muevas. Ya te mueves sin moverte pero te crees que estás parado. Nunca te paraste aunque nunca dejaste de estar donde estabas. *Donde estabas* es una manera de llamarlo. No estabas en ninguna parte. Pero tranquiliza a la mente saber que hay partes en las que estarse quieto.

La cultura se ha conformado en base a las paradas. La cultura, un invento estático de cómo tienen que ser las cosas. Alguien lo cuenta y genera adeptos. Y crecen las creencias que arropan la historia. Los fieles soportan la cultura. Y la mantienen. La historia se alimenta del hecho de que, más de uno, cree en ella y la cuenta. La cultura se cuenta el cuento narrándolo de unos a otros. A eso lo llamamos educación, aprendizaje. La cultura es un estado de detenimiento, una permanente estación de autobuses que cree que los vehículos parten de y llegan a algún lugar.

### Cuando dices que alguien te gusta…

Cuando dices que alguien te gusta es que estás queriendo verle como siempre le has visto. ¿Cómo puedes atreverte a decir que alguien te gusta? El apego a lo que son las cosas se disfraza de gusto y te hace creer que has de buscar lo mismo para sentir placer.

El placer se ha asociado estáticamente a lo que percibes.

Le llamas gusto a lo que está parado. La Navidad, parada. La costumbre, parada. El rigor… un paro eterno, la disciplina, el progreso, los años académicos… Dices que amas, cuando lo que podrías decir es que deseas que el otro siga siendo como lo ha sido hasta el momento. En el fondo, no soportas que el final de la historia varíe. A los niños les encanta sujetar el final de los cuentos, que sigan siendo como siempre han sido. Aunque me temo que son los adultos quienes se niegan a cambiar el final.

El cuento de "La Cenicienta" pudo tener muchos finales pero alguien eligió uno que mucha gente creyó que era el único. Y así se relata en las noches antes de dormir. No sabes cuántas versiones de los cuentos han podido existir, al interno de los corazones de tanta humanidad, en los bosques y en la espesura de la hierba mojada en la mañana, temprano. Las versiones de las cosas que unos dicen y otros callan. Que te hayan contado el final del cuento… no quiere decir que tú no tengas el tuyo. Seguro que el tuyo es diferente pero te da seguridad esconderlo y, entonces, narras el final que todos cuentan. ¿Para qué? Para sentirte uno más, amarrado al punto donde crees que eres quien no eres, ni de lejos… Te encanta amarrarte y parar el movimiento, cuando todo se transforma a cada segundo sin apenas darte cuenta.

Lo que dices que amas y dices que te gusta es una sutil y secreta manera de decirle al otro que no se le ocurra dejar de ser lo que ha sido, para que tú estés tranquilo y sepas a qué atenerte. Jamás puedes decir de nadie que te gusta, porque lo que dices que te gusta cambia a cada instante. A tu pareja... ni la conoces. ¿Cómo vas a nombrar el movimiento, si la palabra que acabas de decir, ya no sirve para describir el cambio inmediato que ha sucedido sobre lo que observas? Al nombrarlo, lo has parado y, si se para, ya no ves lo que se mueve porque, lo que se mueve, se mueve cada segundo. ¿Te das cuenta de que no sabes lo que es el movimiento?

Dices que conoces a las personas. Dices conocer a alguien que se acaba de comportar como tú quieres. En el momento en que hace algo que no es lo que esperas de él, ya choca con la idea que tienes de esa persona. En ese instante sientes que no le conoces. Llamas *conocer* a que sea igual a lo que ha sido siempre, según tú. Pero si hace algo diferente a lo que esperas que haga, se sale de la caja en la que lo has metido para decir que no le conoces.

Las palabras son ataúdes del movimiento.

El movimiento no se conoce, se mueve... Miras que tiene que haber un error, que el otro ha dejado de ser quien era. Y ahora empieza la confusión. La idea que tenías de quien era *tu conocido* era sólo una imagen de tu mente.

El otro, delante de ti, se mueve a cada instante. Y ya no es lo que era.

Mira... Dices: es abierto... Y al segundo siguiente se calla... Entonces, a tu mente llega la idea de que no es nada abierto, que qué raro, si siempre lo ha sido. Entonces crees que te traiciona, cuando la traición genuina es tu modo de mirar. Miras petrificando a quien tienes delante. A cualquier cosa que, delante de ti, se mueve. ¿Has pensado alguna vez que te pierdes cosas?... ¿que tienes una versión estática de la vida cuando en realidad todo se mueve?

Imagina que tu pareja pasara por delante de ti, velozmente, sin darte tiempo a procesar tanto movimiento. Este es el auténtico estado de realidad: que tu pareja cambia a cada momento y ni siquiera tienes palabras para denominarla ¿Cómo puedes parar al movimiento? ¿Cómo puedes clasificar nada si, ahora, no es lo que hace un instante? No sabes qué es moverse. Por eso crees que no te mueves.

Pero la tierra gira alrededor del sol, se mueve. No cesa. El universo es constante movimiento. Y tú, prepotente, creyéndote fruto especial de la vida, te atreves a retar al universo estatizando la percepción, los cambios, las cosas, la vida real… inventas nombres para ello.

Los nombres son las cadenas del movimiento.

Cuando pones nombre a las cosas, te empiezas a aburrir. Y te mueres. Acabas de cerrar la puerta a la vida, a la realidad, a la existencia auténtica y a la naturaleza genuina de los procesos. Las cosas tienen nombre sólo en tu cabeza. Pero más allá de tus palabras, ellas se mueven. No tienen nombre, no responden cuando las denominas. Las llamas pero no responden. El río crea cosas indecibles que no están en los libros. En el seno de la profundidad del mar hay más que mareas y corrientes. Hay encuentro, temas, romances que desconoces. Como también desconoces lo que bulle en ti. Crees que conoces las corrientes porque las has investigado y has puesto nombre a todos los procesos… Pero más allá del proceso por ti descrito… hay un mundo de sensaciones, colores, formas y aspectos que no se conocen con las palabras. Sencillamente suceden y se sienten sin ser captadas por los sentidos.

La realidad es lo que no ves. La realidad es lo que no hueles.

El límite de tus sentidos se despliega ante la eternidad blanca, amplia, abierta a lo infinito y tú crees ser un frasco de cristal que está depositado en medio del mundo. Crees que, si abres la tapa del frasco, te confundes. Tienes miedo a destaparlo porque entonces dejarás de ignorar lo que eres y de controlar a quien tienes delante de ti. No tienes a nadie delante de ti sino a una idea de cómo tienen que ser las cosas y cómo tienen que comportarse las personas. Las personas no se comportan como se comportan con relación a ti. Ellas son quienes son más allá de tus nombres, críticas, alabanzas y conceptos que has diseñado para ellas… Mas ellas no son eso. No tienen nombre. Se mueven desnudas ante tus ojos pero tú inventas trajes para identificarlas.

Demarcas lo que ves para no perderte, desconsiderando que, tras los nombres, en el nudo en el que te pierdes, la vida no tiene fin. Chilla, grita, deslumbra, salta, enloquece y bambalea jugando al escondite contigo. Es más aún: un continuo en movimiento que desdeña ser nombrado, descrito, previsto, estructurado, narrado. Desaparece cuando lo nombras. Esta es la sutileza de estar vivos: dejar de nombrar y someterse al flujo de movimiento y desbordamiento que sucede a cada instante. El código de la vida es lo que sucede cuando enmudeces, cuando dejas de pensar en las cosas como sistemas y dinámicas que funcionan de una determinada manera.

La idea del funcionamiento de las cosas es una perversión de la realidad. Te alejas de la realidad cuando crees y esperas que funcionen las cosas. Las cosas no están hechas para funcionar. Esta es la misión científica a la que tu mente las ha sometido, ignorante de la belleza ingente que rodea el *no funcionamiento* de las cosas. Las cosas se mueven, sin funcionar ni dejar de hacerlo. Saltan, irrumpen… como acróbatas que aparecen y desaparecen por arte de magia… La magia de las cosas empieza en donde no las conoces. Pero eso es desacostumbrado para tus ojos. Ellos, los ojos, llamarán *conocimiento* a lo que sucede bajo tu control; y más allá del control, está la vida que espera ser vivida, descubierta, sentida, palpada. Se despliega donde no te esperas, pero tú siempre esperas porque llamas placer a lo que se repite y transcurre como hace un rato, como ayer...

En el corazón del bosque no hay placer. Ni deja de haberlo. Hay entrega, descubrimiento que se mueve y que se transforma de manera permanente. La vida canta a voces pero tus oídos se han taponado con el ruido de los coches y el estruendo de la multitud que consume cosas creyendo que, poseer, es señal de vida. El bosque es hermoso pero te aterra. Observa el bosque. Se mueve. Parece quieto pero sólo es tu percepción. Alrededor de las cosas hay energía en movimiento, se suceden los acontecimientos. Y quieres, entonces, explicarte qué demonios es el presente cuando no hay manera de explicarlo. Los árboles hablan, cantan… se relacionan, recitan sonetos. Si subes más arriba te cuentan secretos que se descifran con los ojos cerrados, con la garganta seca y las manos abiertas.

No esperes. Esa es la clave. La expectativa mata la vida del bosque. Si esperas, nombras, te detienes, te arrugas, planchas, te acuestas y corrompes. Si no esperas nada del bosque, él se desvela a sí mismo por dentro. Parece algo que se ve afuera, pero te penetra la energía que entra por la planta de los pies, transforma en rojo tus piernas y llega a tu cuello en forma de agua. El mensaje del bosque, de la vida, se te revela cuando te adentras en lo que desconfías que sea preciso y claro. Él suena... pero son tus receptores quienes lo sienten. Es dentro de ti donde las leyendas y los cuentos se escriben y, entonces, te elevan... y sigues subiendo, en el momento en el que se inicia la lluvia de hielo... Hay radiante sol pero los árboles centenarios sueltan gotas de agua congelada que te dan la bienvenida antes de llegar a la cumbre. Y luego, el aire fresco presagia que llegas a donde quieres. En realidad, no llegas, pero te inunda la planicie de nuevo, mostrándote el mar, a lo lejos. Y montaña, mar y arena se encuentran en donde no te lo esperabas. Justo por eso, porque no te lo esperabas.

Las cosas hermosas te sorprenden cuando no las esperas. Son hermosas precisamente porque no forman parte de tu expectativa, de tu recuerdo, que quería ser visto de nuevo para repetirte la sugestión de que estás vivo estando muerto. La vida es la sensación que recibes como consecuencia del movimiento permanente de cosas que se suceden en lo que has llamado tiempo, y que crees que empieza y acaba.

Se dice de las historias que tienen un inicio, un medio y un final. Pero no es verdad. Cuando entras en el bosque, te apresa la incertidumbre de los tiempos; y te pierdes. La sensación de pérdida es hermosa porque es la conexión con el movimiento ¡Qué bien que te pierdas! Cuando dices *me he perdido* es cuando mejor estás. Te has encontrado en el límite de tus conceptos. La mente llama pérdida al paraíso de la corriente. Si te pierdes, conectas con lo que hay. Perderse es una metáfora para vivir en presente, para navegar en el estado de fluidez y realidad.

El presente no es estático. Es más, no es una idea. Es algo que se mueve, nadie nos lo ha dicho. En nuestras mentes se ha configurado un presente que es el centro entre pasado y futuro, pero eso no es así. Ni hubo pasado ni habrá futuro porque lo que captan tus sentidos es una percepción lejana del movimiento sempiterno de las cosas. No hay un *en medio*. No hay ningún punto estático en ninguna parte. Las conjugaciones que estudiamos en la escuela hablan del pasado, el presente y el futuro. Pero la vida es movimiento. Te dio a luz el movimiento que nunca se detuvo pero que tú detienes cuando abres la boca y nombras las cosas. Cuando narras, estatizas el aliento, petrificas el aire y se solidifica el alma. Y, a esa cosa concreta y muerta que se deduce de tu percepción, lo llamas realidad, habiendo dejado atrás la visión auténtica. Crees que ver es mirar lo que tienes delante… cuando la vida es anterior a la retina de tus ojos, anterior a tu nuca, al punto en el que crees que comienza la percepción de tu mente.

Detrás de ti está la realidad, y al lado.

Estiras los brazos y te inundas de ella. La realidad no se nombra, te sucede, circunda, envuelve. Las inmensidades de *tu alrededor*, el calor sofocante, el olor insoportable o la caricia de los rayos del sol son tu contexto. No acabas ni empiezas en ninguna parte sino que eres el movimiento permanente de la fuerza que te lleva a desear lo que deseas y a contarte lo que te cuentas. Cuando hueles, quieres detener el aroma, apresarlo, anclarlo para regodearte y decir que te encanta. Pero el tiempo que empleas en el deleite te hace perder la ondulación a la que te somete estar vivo.

Cuando vives, te mueves… y no dejas de estar vivo en el silencio.

## El corazón y las corrientes

Una corriente es eso, una corriente. Corre. Nunca supiste lo que es.

Te gustan las estabilidades, los escenarios, las tablas, los niveles que sostienen y dan la seguridad de que nada se te escapa de las manos. Las corrientes no encajan en un escenario, se desbordan… El borde es el borde, es la demarcación que buscamos a toda costa. Los límites son el lema de la organización.

¿Cómo se organiza una corriente?

Ni idea. ¿Tú lo sabes?

Preguntemos a los ingenieros navales. Seguro que tienen métodos para contener corrientes de agua. Hagamos un cauce –dicen algunos. ¿Le has puesto cauces a tu corazón?

El desbordamiento inquieta. Se va. Vuelve. ¿Dónde está? Ya no está.

¿Y qué hacemos con esto? Contenerlo es la respuesta. Hagamos un dique, un malecón, un puerto, una cala, un espigón... Los diques frenan el desbordamiento de las corrientes de agua. Pero ¿cómo se frena la corriente del corazón? A la que huele que puede haber algo más de lo que hay, la mente se pone nerviosa y propone la idea del desenlace.

¿Qué es un desenlace? Un final único, un cierre concreto y atado a una expectativa. A la mente le encantan los desenlaces, saber que hay un final determinado, que pueda escribirse, recapitularse.

La mente ama las conclusiones.

¿Y?

La mente espera. Tras ese ¿y?... espera respuesta. No soporta el silencio.

El corazón le responde así: ......................................................

La respuesta del corazón, para la mente, es irritante, un chiste, poco seria. Ella necesita que la llenen de algo que sea esperanzador, aplicable, concreto, permanente. No entiende de corrientes imprevisibles.... Uff... Juega con la esperanza de que las cosas sean como siempre fueron, o al menos de que, lo que te traes entre manos, tarde o temprano se materialice en algo rentable, preciso, medible, ajustable a algo que se parezca a algo. A la mente le encantan los parentescos, las similitudes, las afinidades, no las corrientes.

*Paula, cuando deja de estar con Álvaro, mantiene la cautela de no relacionarse con él aun a pesar de que él insiste en verse de vez en cuando.*

*Lo hace así porque teme que Álvaro siga intentando estar con ella, pero ella no quiere. Ella ha decidido que se acabó la relación. Y siente que, poniéndole límites a los encuentros, a él se le pasará.*

*Pero pasan los días y Álvaro insiste en verla. Entonces Paula —para intentar zanjar el asunto de una vez por todas— le dice que ha conocido a alguien con quien tiene afinidad y que se siente cómoda en esa relación.*

*Álvaro se pregunta para qué le dice Paula lo que le dice. E igual-
mente siente que desea verla, que el hecho de haber conocido a alguien afín no es un motivo para dejar de desearla. Pero su mente le
dice que debe cerrar si quiere estar bien.*

La afinidad, la similitud, lo parecido, lo igual, la endogamia del
mismo proceder. Y ello, asociado a la seguridad personal. A Paula le
interesa buscar un igual, no un diferente. ¿Por qué? Porque ha deteni-
do la percepción. A la que no encuentra en Álvaro lo que espera (la similitud), entiende que lo que ha de hacer es abandonar esa situación.

¿Qué te une con quien tienes relación? ¿Las afinidades, las diver-
gencias, coincidir en el tiempo, que te cuestionen?... Este tipo de
uniones que nos anuncia Paula suelen elegirse cuando nos dan tranquilidad, sosiego. Buscas la seguridad porque lo diferente exaspera.
Es más, Paula quizás se inventa la diferencia para sobrevivir, porque
la corriente que pueda sentir con Álvaro cree que no le interesa.

Nuestra cultura ama la estabilidad, lo de siempre... y el corazón
no garantiza eso. Una corriente es imprevisible. Como lo es lo que
sientes ahora. Imprevisible. Si te permites sentir esto que está sucediéndote, es imprevisible.

Arriesga un instante a sentir. Observa. Pero no te clasifiques. Sólo
observa que, lo que está pasando, tiene forma de corriente. Siénte-
lo. El sentir es un implícito suceder que sucede sin dejar de suceder
porque, si deja de suceder, ya no sucede. Es un gerundio... Pasando.
Corriendo. Sucediendo. Hablando. Respirando. Ahora. Siente. Mira.
Observa.

¿Tienes oídos para escuchar los gerundios?


## Enamorándose

Enamorarse es una dimensión. Enamorarse es un infinitivo.

A la que le asignas un futuro o un pasado, ya no está. No está. Se
esfuma. Mejor podríamos decir: enamorándose. Quizás, lo que sentía

Álvaro, es lo que algunos llaman *enamorarse*. O quizás no sea así. Porque son las sensaciones las que te llevan a hacerlo presente.

Como es un gerundio, es imposible que deje de estar... por mucho que el dolor de la pérdida le haga imaginar que puede cerrar lo que está sintiendo. Si sientes lo que sientes es que lo sigues sintiendo. Y no porque decretes dejar de sentirlo, desparecerá. La mente cree que el enamoramiento desaparece cuando el otro deja de estar a tu lado, pero no es verdad. La mente pide cierre, desenlace, ¿recuerdas? Necesita interpretar el abandono para seguir siendo estable. Pero cuando dices cerrar, es sólo un intento mental. No hace honor a la realidad del corazón: pura corriente. Ésta sigue corriendo aun a pesar de los imperativos mentales.

Cuando, tras una ruptura de pareja, te exiges cerrar de inmediato, te engañas.

Es más, no hay nada que se pueda cerrar. Cerrar es una idea lógica, una imagen mental, un deseo, un ideal, si quieres. Es transitoriamente una sugestión que la mente impone al corazón. Pero no significa nada. Muchas personas dicen: "Me dejó y mi estado se puede interpretar como que aún no lo he aceptado". Muchos lo llaman así: que no lo han aceptado, que no han encajado el rechazo, que ya se les olvidará... Se trata sólo de explicaciones... Un proceso abierto (*estando* como gerundio de estar) no deja de existir porque dejen de estar contigo. La huella de la corriente sigue estando. Entonces viene la gran duda (porque dejar la puerta tan abierta parece, a primera vista, insostenible): ¿y si nunca se te olvida? ¿Será que no lo has aceptado?

Una sugerencia: ¿y si resulta que sencillamente es así, que ahora no te olvidas porque realmente lo que sentiste, dentro de ti, es el alma que vibra a través de lo que te ha enamorado? De la persona puedes olvidarte, pero lo que has sentido, ya forma parte de ti, te constituye, es irrenunciable. Ha pasado a formar parte de tu historia de percepciones, de elecciones y sensaciones. Crees que, cuando alguien *te rechaza*, debes apartarte de él (bajo el pretexto de no hacerte daño y defenderte). Pero este esquema está obsoleto. ¿Por qué el hecho de seguir añorando lo que sentiste con alguien significa que no has superado la situación? ¿Por qué la frenética necesidad de cerrar, de cortar con lo que sientes, de finalizar aquello que te ha unido al que *te ha rechazado*? Tiendes a rechazar a la persona y a lo que te ha unido a ella. ¿Podrías apartarte de la persona sin rechazar lo que te ha unido a ella? Evidentemente, sin esa persona, continúas tu camino, tu vida, pero detente a comprender lo que subyace a esa automática necesidad de cortar que impone la mente de manera impulsiva.

La mente vende como alivio el hecho de olvidar, cortar, desembarazarte, y te impone lemas como *rehacer la propia vida*:

*Carlos dice que quiere rehacer su vida tras la separación con Ana.*

*Maica dice que no piensa dedicar un minuto más de su vida a recordar a su ex pareja.*

*Lourdes dice que está harta de pensar en Ismael, que no sabe cuándo se le pasará.*

...son relatos que contienen la compulsión de cortar, de romper, de aniquilar, de aislar, de terminar, de poner fin al sufrimiento percibido... Y entonces crees que la solución es que, algún día, deje de estar en tu corazón la huella de ella, de él... La mente entiende que resolver es romper, cortar... Usa todo tipo de mecanismos de aniquilación. La estrategia que contempla no es comprender, detenerse o sentir lo que hay, sino que busca algo nuevo, diferente, porque la sensación de lo mismo, la exaspera. Pero, lo que la mente no te ha contado, es que repite una y otra vez bajo la falsa apariencia del cambio en otro ser humano. Porque el cambio sólo es posible dentro de ti. Y si rompes, cortas, aniquilas o te aíslas.... en el fondo, evitas. La evitación es la llave secreta que acompaña tus acciones cuando te encuentras abrumado, inquieto, sobrecogido, angustiado.

En definitiva, la promesa del bienestar emocional consiste en hacerte creer que puedes dejar de sufrir. Pero eso es imposible. Y ahora las mentes coincidirán en percibir que mi discurso es masoquista y complaciente con el sufrimiento humano. Pero nada más lejos de la realidad porque te has quedado en la superficie, sin viajar a la profundidad de aquello que llamas *hacerte daño*. Y aquí viene la buena noticia: no existe nada ni nadie que pueda hacerte daño ni nada que, de manera real, te haga sufrir.

# 3. La expectativa y tú

Cuando te relacionas con alguien, lo que hay es lo que hay.

¡A qué poco suena esta frase!

Parece que *lo que hay* es nada, poco, insulso, absurdo.... *Lo que hay* no es ni poco ni mucho. Es. Pero la mente lo interpreta como aburrido, que algo le falta. No es lo mismo una cena que una buena cena o una mala cena. No es lo mismo una persona que una buena persona o una mala persona.

Cuando sales, no lo dices, pero buscas *lo más* de las situaciones. Al buscar *lo más* (que parte invisiblemente del rechazo a *lo menos*), lo que sucede, no lo ves. La mente ejerce un poderoso influjo entre los opuestos de las sensaciones de las que huyes y las que deseas. Entre deseo y evitación pulula la mente, dejando sin atender lo que hay en medio. *Lo que hay en medio* es una forma de hablar, porque no hay nada nunca en ninguna parte, salvo en tu cabeza.

En lo que te rodea, lo que hay es lo que hay.

*Lo más y lo menos* son expectativas: las primeras se desean; las segundas se detestan. Las consideradas *menos*, las llamamos indeseables (expectativa negativa). *Los más* son deseables. Lo que deseas es algo superior o inferior, distinto a lo que hay. Sales al mundo impregnado de lo que hay. Pero no te das cuenta. *Lo que hay* se sabe que está porque no tiene signo ni positivo ni negativo. Hay una realidad sin signo (sin juicio) que es lo real. Pero cuando te relacionas con alguien que te gusta, empiezas a inventar una historia, también sin darte cuenta. La mente no sabe tratar sin etiquetas, sin nombres, a la persona con la que sales. Necesita considerarla de alguna manera: ahí empieza la expectativa. Cuando ves a la persona, esperas que te trate como quieres ser tratado. Hay un listón, una balanza interior que juzgará lo positivo y lo negativo de lo que te sucede. Y tienes una idea previa de cómo ha de ser el encuentro. Si lo que sucede supera el listón, a ello lo llamas *estupendo*. Si no, un fracaso. No estás en una relación, sino en la expectativa de la relación.

Cuando Ana sale con José no ve a José sino la idea que tiene de José.

Buscar pareja.

No hay pareja que buscar. No hay nada que buscar.

*Lo que es* te encuentra, te sucede. La expectativa es la forma mental de alejarte de lo que hay.

Sentir es la fuerza de la energía de la atracción. Que eso vaya adelante, *a más o menos*, no importa. Pues nombrarlo, etiquetarlo, es la separación con la realidad. Observa esto: no dejas que las cosas sean lo que son al convertirlas en otra cosa diferente a cómo están. No dejas sencillamente que una relación sea lo que es, sin querer que vaya a más o a menos. Lo que va, *a más o a menos*, se da, no se fabrica. Cuando se fabrica, se pervierte, se adultera. No hay amor. Desear que un perro sea un gato…desear que la amistad se convierta en sexo… desear que, con quien estoy, sea más simpático… desear yo mismo ser mejor persona… La mente idolatra la voluntad personal, el logro… y se sugestiona creyendo que el cambio proviene de un acto deliberado.

Vives sin darte cuenta de tu incapacidad de dejar que las cosas sean lo que son. La mente se ha alejado de lo real. Es mente. Su función es ésta: distanciarse de lo que hay, tomar perspectiva, analizar... Mira de nuevo tus manos sobre el libro. Cuando las piensas, ya no son tus manos, sino la idea que de ellas tienes. Tus manos están, si acaso las sientes. Cuando caminas, no sabes que llevas manos, pero las llevas, te acompañan; te sirven para lo que necesitas. Cuando vives, no hay nombres, no hay recuerdos. Hay. ¿No te parece milagroso? Eso es lo que llamas el presente, Dios, amar… Esto. Eso… lo que hay.

No esperes.

No esperes nada. No hay nada que esperar. Todo está ya. El amor está en ti. Nada puede esperarse. Por eso la mente inventa lo que no existe en donde no puede: se inventa la esperanza para paliar el odio a lo que hay, a lo que eres, lo que sientes y lo que te configura.

Esperar es alejarte de ti.

Es una ilusión. Esperas porque, lo que vives, dices que no te gusta. Lo quieres cambiar. No te gusta. Hay que cambiarlo. Lo que hay… no lo ves, no te interesa. Pero no es verdad que no te interese. En realidad, cuando dices que no te interesa, si te dejas llevar, descubrirás que te disgusta, le tienes aversión. Dices: *ya no le odio*, cuando en realidad es: *le odio aún a pesar de mi voluntad.*

No sobra el odio, sobra la voluntad. Es más, no existe la voluntad personal pero la usas y creas cosas. La mente engaña maquillando la aversión en forma de disgusto. ¿Para qué? Para disimular la fuerza de aquello que maquilla. Pero el maquillaje no evita que la aversión esté ahí, censurada, culpabilizada, denostada, condenada al destierro.

Se condenaba al destierro a los caballeros. Se les echaba del lugar común y entonces empezaba la auténtica vida, la real. Has condenado al destierro personal tus aversiones. No quieres identificarte con el odio, la aversión, la muerte, el rechazo, la humillación y la guerra. Por eso vives en defensiva, porque las destierras.

Tus aversiones.

Tan tuyas…

Tan presentes…

Tan reales…

Y tan que dejan huella…

Tus aversiones son tus huellas personales. No las mates, no las encadenes, ábrelas, ámalas, lúcelas a la luz del sol para que brillen por el impacto de lo que esconden…

Saben tanto… hay tantos secretos… Las alcobas de las abuelas están llenas de recuerdos, de secretos innombrados que se atravesaron en las gargantas, profundas luces, tan brillantes… pero disimuladas.

Veo un rostro de mujer mayor, vestida de negro, emblema de la carne magullada por las palabras no dichas, la falta de manos sobre su cuerpo y el rencor infinito por no ser penetrada amorosamente. No magullan sólo los gestos, también los silencios y los deseos innombrados que yacen en la sombra.

## Las sombras

Suenan quejosas (porque desean salir y no las dejas) las huellas de tus heridas escondidas en la noche de los mundos. Como pacientes psiquiátricas que esperan ver la luz. Y la luna y las estrellas confabulan en silencio para que se disparen y salte la sorpresa… La noche está hecha para acoger los secretos más profundos. En la inmensidad del silencio se acaricia la ola del argumento escondido, en telas de araña, que protegen el cautivo secreto, proscrito, innombrado, pero gestado, cosido, asido al filo mismo de tus labios, que callan cuando no deben porque aprendieron a cerrarse sin saber por qué.

Te asustas del mundo que suena dentro de ti, cuando te descubres en lo que te disgusta de alguien que te dice lo que no quieres escuchar. Y te salta la alarma en forma de expectativa, para volver al orden interno establecido, lo que ya conoces… que no es sino un orden antiguo, precavido, que ya no tiene vigencia pero se alimenta del silencio y la falta de luz. En los sótanos de las casas permanecen las sombras, los cuadros desdentados de batallas fracasadas…

Lo que te disgusta, te sigue invisiblemente. Se apodera de ti cuando no lo integras. Habla por ti. Hablan por ti las palabras no dichas. A través de tus gestos, tus actitudes. Se apodera de ti lo que sospechas que te inquieta y se hace presente en tu pecho, en tu corazón, en tus defensas, en tu mirada furtiva de la noche, cuando huyes el contacto y prefieres no hablar. Pero tu mirada te delata en cada gesto que no asumes como tuyo.

Eres transparente a pesar tuyo.

Tus realidades internas te hacen visible. En forma de deseos, perversiones, obsesiones, enfermedades y disputas. La disputa es el litigio de tu idea de ti mismo con lo que realmente eres. Vives en la disputa permanente pero disfrazada de cordialidad. Ello se nota en las sonrisas fabricadas de postizo rojo, solapadas veladamente en las noches de luto. ¡Por los muertos que en ti habitan que en realidad nunca murieron! y te siguen enviando voces imperceptibles que escuchas al cerrar los ojos.

Tienes muertos adentro. Crees que peligras si les tienes en consideración, Por eso, los niegas. Pero, aunque juegues a olvidarte de ellos,

ellos nunca se olvidan de ti. Sencillamente porque te configuran, te dan estructura y sostén. Tus partes muertas claman por salir a la luz. Pero tú, en la más profunda ignorancia, al evitarlos crees hacer bien desoyendo su existencia, acallando su voz... que nunca deja de emitirse. Tú, encargas amortiguadores para paliar su impacto y con el tiempo llegas a creer que, al amortiguarse, dejaron de existir. Nunca sucedió eso. Nuca dejaron de existir.

Los muertos internos existen porque los alimentas ignorándolos.

En la aparente quietud de la noche se esconde tu alma negra clamando por salir, como loca cautiva en la torre del edificio. Todo tú sabes que vive allí, arriba, pero te has acostumbrado a descartarla, a esconderla. Mas tu disimulo es en vano porque ella salta a destajo en tus sueños, en tu porte, vestimenta, alhajas, anillos, atuendo y expresión. La disputa que vives adentro es un tesoro porque integra el respeto y la dignidad hacia ti mismo y hacia quienes comparten la vida contigo. Pero en la disputa (tan difícil), la resistencia es grave: se trata de un duelo percibido entre la vida y la muerte. En realidad, nadie muere a costa de la vida de otros ni nadie vive sin morir. Pero la mente desintegra la realidad, creando enemigos que no existen y separando vida y muerte en este escenario que transcurre ante tus ojos como una amenaza.

¿Por qué la muerte es resistida, encarcelada, abatida, denostada, prostrada, indeseada... si ya estás muerto por dentro? Porque sientes amenaza. Al identificarte sólo con una parte de la realidad (la aparente), la mente desencadena la idea de la amenaza y, por tanto, de la necesidad de defenderse: la seguridad es el arma que usa tu mente para alejarte de ti, de evitar que estés desnudo ante el mundo. Y te hace creer que vestirte te protege cuando, al arroparte, disimulas tus entrañas y condenas al alma al cautiverio preventivo de la buena educación.

Desnudo eres hermoso. Lo sabes. Acuérdate de cuando eras pequeño.

Hermoso. Siempre lo fuiste. Lo que no es hermosura es aprendido. La belleza siempre estuvo. Estás...

En tus arrugas.

En tus labios.

En el destello ansioso de la voz ronca del padre autoritario que sigue mandando desde una silla de ruedas.

La luz anquilosada debió adaptarse al cautiverio para subsistir, pero ahí está la vida encerrada, casi irreconocible. Sigue estando ahí. Ahí. Cerca. Tan cerca que podrías, en un segundo, transformarte entero…

Transformar la sombra en luz…

Tu luz…

La luz…

Luz.

LUZ.


## Qué eres

Has leído bien, no he escrito *quién* eres, sino *qué* eres.

Eres dimensión, amor, milagro y fuerza. Eres cuando eras pequeño y ahora que eres grande. Un mundo tuyo y tú dentro de él. Eres el mundo que te acoge y tú dentro del mundo. No empieza uno ni acaba otro porque lo contienes todo.

En cada gesto que haces, te delatas sobre lo que eres. Eres en la mañana, en la tarde y en la noche. Al despertarte y al cerrar los ojos. Cuando apagas la luz sigues siendo y, aunque duermas, eres. Respiras y eres. En cada aliento evocas tu mundo y éste aparece a tus pies, como por arte de magia, para que salgas a interpretar un papel, a la vez, en este segundo eterno de la vida. Eres el domador y el trapecista, el payaso triste y el presentador de la función de hoy. Eres el taquillero, el filmador y el argumento que se desarrolla en la pantalla que crees que enciendes y apagas. Nadie te enciende, nadie te apaga, pero gozas inventando tiempos y fases en los que representarte. Y con unos disfrutas y otros padeces, hasta que llega el segundo en que te das cuenta de que, hagas lo que hagas y digas lo que digas, nada cambia lo que eres.

Lo que eres, aparece y desaparece cuando así lo eliges, te da rienda suelta para que planees vivir en tierra firme o usar alas para desplegarte hacia arriba... Y, cuando no eliges aparecer, también eres. Eres canto, eres río, eres tierra, madera y fuego.

Quemas, arrasas, planeas, cierras, amas, vences... pierdes, sufres o te detienes.

En cada parada, eres lo que eras más lo que es pararte a descansar y renovar el aire que te falta cuando crees que desfalleces. Nunca desfalleces pero la vida te lo hace sentir una y mil veces... hasta que aprendas que nada puede desfallecerte o animarte si no es porque tú lo contengas. Que, a pesar de tus arrugas, la vejez no existe sino en tu mente. Que vives plagado de sugestiones e ideas de cómo han de ser las cosas que nunca llegan a suceder como lo piensas.

Eres la sorpresa, el amor, el águila que intuye la presa o la madre que cuida inconsciente al hijo que no le pertenece. Eres el que ayuda a quien no debe y disfruta con el sonido de los ojos cándidos de quienes te ven como que puedes con todo.

Eres lo que piensan otros de ti y lo que desearías ser que no eres.

Eres el estanque, el agua, la superficie y el fondo. Eres los peces, las algas, el muérdago... y la rosa que se alimenta de la humedad de la tierra cuando no llueve. Eres lo fácil y lo difícil, el enigma y la entrega.

Cuando ríes, eres y no eres menos cuando lloras. Si te duele eres tanto como cuando te explayas de placer y la herida no te duele. Eres cuando crees que te desvaneces. Eres solo, abandonado, en gran compañía o cuando te olvidas de que caminas y vuelas. Aunque te abandones, eres. Eres un paso agitado cuando tienes prisa y entras en el trabajo, cabizbajo porque añoras el fin de semana que te dejó un profundo deleite. Y eres, cuando llega el reposo y gozas en silencio porque nadie sabe como tú el enorme placer que se esconde debajo de las sábanas.

Eres quien toca y abraza, besa y permanece.

Eres la bienvenida de las cosas, el anfitrión perfecto, la mano que reposa en el rostro de quien deseas sentir a tu lado, aunque ni se dé cuenta. Eres el silencio que disfruta acallado, paladeando que llegue el momento de saborear lo que sabes que te excita y aguardas que suceda. Eres bondad infinita y maldad contagiosa. Los nombres de las cosas y el fin de tu tiempo.

No eres nada nuevo pero viejo no eres.

Eres lo que te temes cuando menos te lo esperas. Y lo que veías venir cuando confiabas que no sucedería. Eres presagio, montaña, nube y estiércol. Eres lo que sabes que eres: lo que se olvida de ti y la parte que, a ratos, no deja de verte.

Eres…

# 4. El automatismo del daño percibido y la vulnerabilidad

Esto es importante: lo que ves y percibes sólo es la consecuencia de la programación mental a la que estás sometido, por mor de la cultura, de tus mecanismos de defensa y las creencias sobre los hechos y las relaciones que mantienes.

El mundo cree que la superación es estar a la defensiva y atacar... Volvamos al corazón abierto:

*—Cuántas personas me han dicho que me olvide de ella —dice en terapia Juan—, que no está a mi altura, que es una babosa. Pero yo sigo pensando en ella. Y no veo la hora de volver a encontrarla.*

*Y Juan sigue diciendo:*

*—Siempre creí que superar las cosas equivalía a dominar la situación y el olvido era un fin que había que buscar. Pero dentro de mí hay algo, ahora, que me dice que superar no es eso.*

Juan estaba rozando el código de su corazón. Por eso, los consejos de quienes le rodeaban, no eran sino una visión parcial de la situación. Las personas, cuando se sienten abandonadas por alguien, suelen expresar: "tengo que olvidarme de esa persona", o también "tengo que cerrar". Y yo digo: ¿vas a ir a una ferretería a comprar una cerradura para tu corazón? O... ¿llamarás a un cerrajero para que haga una verja inaccesible de hierro?

Ya sabes que la expresión del corazón es la apertura y, cerrar, es una ilusión. Cerrar es el decreto ley de la mente que cree que puede hacerlo, cuando son la emoción y la energía las que marcan. Aunque crees que cierras, la atracción, el deseo, el amor o el sentimiento hacia quien sientes que no te corresponde, siguen ahí. ¿Se te acaba el amor por alguien cuando él te ha dejado de amar? ¿Qué tiene que ver un proceso con el otro? Una reacción infantil es esta: que respondes a quien te trata de una manera, de la misma forma como te ha tratado, aunque ello no sea tu estilo ni tu genuina manera de tratar. Pero algo en ti reacciona, salta, se defiende.

No dejas de amar a alguien porque ese alguien te deje de amar. A lo mejor más tarde sí. Pero en el instante el amor no se ha acabado. No deja de gustarte alguien porque te diga que ya no le gustas. No dejas de desear a alguien porque te diga que ya no te desea. No dejas de querer estar con alguien porque te diga que está con otra persona. Una cosa no tiene que ver con la otra. Y si se juntan en el tiempo, son parte de un mecanismo racional de venganza que tiene que ver con defenderte, más allá de auto-protegerte.

Es duro no ser correspondido, sí. Pero la dureza máxima la pones mentalmente cuando crees (falsamente) que, cerrar la puerta al sentimiento que permanece en ti debido al otro, es la clave para re-equilibrarte. No es así, pero así quiere *tu necesidad de cerrar* que funcione. Cuando haces eso, la decisión de cerrar (con el objetivo de superar la situación) es pura estrategia mental, que no corresponde con la naturaleza del hecho que sientes en tu corazón. La mente cree que el corazón ha de cerrar pero el corazón no entiende de cierres. Y si juegas a cerrar… tu apertura está en peligro: corres el riesgo de la insensibilidad dentro de ti. O del olvido de ti mismo…

### El temor al daño y al dolor

Si no me corresponden y reconozco el dolor, entonces el corazón usa su lenguaje en su plena expresión. La mente, ante ello, inquiere… pero ¿cuánto tiempo puedo permanecer en ese estado de apertura al dolor?

Muchas escuelas psicológicas predican que permanecer en el dolor no es recomendable. Y casi compiten entre ellas por ahorrar a los clientes horas o días de sufrimiento. E incluso llega a considerarse que, asumir el dolor, es un trastorno y que se ha de apoyar a las personas a erradicar el dolor de sus vidas. No es extraño, pues la mente psicológica y muchas corrientes terapéuticas que siguen este lema, se enmarcan en un modelo materialista, médico, que propugna que el dolor ha de ser anestesiado por definición. Y así, heredas una tradición analgésica en terapias psicológicas.

¿Quién ha dicho que la psicología ha de ser analgesia?

El dolor... Ese gran aliado que has relegado a la sombra porque crees que sobra cuando lo que sobra es evitarlo.

El daño.

¿Qué es el daño? ¿Por qué temes tanto al daño? El daño tiene una historia...

La historia del daño:

*Patricia llevaba cinco años con Julián. Cinco. En los veranos viajaba —sin pareja— a su país natal, cruzaba el Atlántico para reunirse con su madre, aún viva. Julián permanecía en la ciudad en la que compartían hogar. Todo parecía ir bien hasta que el año pasado, Patricia volvió de su tierra tras las vacaciones y encontró a Julián distante, frío.*

*Fueron juntos a pasar unos días en la playa. Sus vacaciones compartidas... Y Patricia se destrozaba sintiendo que Julián no era quien ella había dejado un mes antes. Él guardaba silencio. No decía nada, hasta que ella le increpó:*

*—¿Qué pasa?, por dios.*

*Entonces Julián —primero mordiéndose los labios— habló con claridad y determinación:*

*—Ya no te quiero, ya no me gustas, ya no te deseo...*

*Las lágrimas de Patricia desencadenaron una cascada lenta, al principio imperceptible... Se levantó —sin mediar más palabras— y se encerró en una habitación.*

*Patricia volvió al día siguiente de las vacaciones, dejando solo a Julián en la playa. Su silencio la había envuelto en una tormenta de ideas inacabable sobre lo que Julián le había dicho: resonaban en su cabeza el "ya no me gustas" más fuerte que el "ya no te deseo". Acercarse al "ya no te quiero" aún era imposible. Pero permanecía en el fondo intacto, negado, atravesado...*

*Tres días después Julián le confiesa que hay otra persona. OTRA PERSONA.*

*Y Patricia se derrumba. SE DERRUMBA...*

Llegada a este punto, Patricia sintió dolor. Le pregunté a Patricia:

*—¿Qué duele más? ¿Qué te digan que no te quieren o que haya otra persona?*

Y ella calló, sumida en su profundidad.

El dolor, cuando es profundo, provoca silencio. El silencio se alimenta del profundo sentimiento de culpabilidad. ¿Por qué —cuando Julián le dijo que no la quería— ella no dijo nada? El silencio es la confirmación personal de algo que uno se espera. Uno lo sabe pero —como juega a que no lo espera— entonces cree que no lo sabe. Es evidente que Patricia no esperaba dejar de ser amada por Julián, nada más lejos de su expectativa. Pero ¿por qué callaba? El daño no tiene que ver con que Julián deje de amarla sino con la idea de Patricia de que las cosas no pueden ser de otra manera. Le causa daño que, lo que sucede, no tenga nada que ver con lo que ella tiene en la cabeza, pero el hecho en sí (lo que le sucede) no es la causa del dolor.

Si te atreves a mirar a los ojos del dolor, verás que no tiene que ver con el hecho en sí (que Julián deje a Patricia), sino con que Patricia tiene una expectativa diferente en su cabeza: ella no quiere ser dejada. Y el daño se graba como experiencia irreversible. No se encaja. Se silencia, se niega y se confunde su verdadera causa. Patricia, entonces, repite la pauta de temor al daño... Y se relaciona con las personas, a partir de ese instante, evitando que la dejen de querer de nuevo. Y probablemente se convierte en *la que abandona*.

Entonces dices que, si te hacen daño, tienes que defenderte. Una vez sentido el daño, te vuelves receloso y la evitación es el código que usas para relacionarte con otros. Como es imposible dejar de relacionarse con otras personas, inventas la evitación, el antídoto perfecto para creer que —huyendo de posibles dañadores— estás a salvo.

Pero no estás a salvo de nada. De nada.

La vida no es un refugio, es un escenario, es un espacio de conexión en el que eres visto muy a pesar de tu necesidad de defenderte. Te defiendes, en vez de protegerte. La sensación de daño es incluso hermosa. Pero la perviertes al considerarla intolerable. El daño (percibido) no es una razón para evitar la relación sino para abrir aún más la herida. Lo peor del daño no es aquello a lo que llamas daño (que es una sensación que proviene del cierre de corazón) sino su consecuencia, es decir, la defensa sobrevenida a la que te sometes cuando crees que, tras el daño, has de blindarte, actuar como reacción.

Vives en la sociedad de la defensa.

El daño es una sensación (no es real) que tiene que ver con cerrar. Si no cierras —cuando te dicen que ya no te quieren—, sino que mantienes la apertura de corazón, no hay daño posible, sino sentimiento desbordado. Lo que pasa es que no estás acostumbrado a desbordarte y —como mecanismo de defensa— se te ocurre que tienes que acorazarte. Está bien, sí. Protégete... pero sin defenderte, sin desmerecer la experiencia del desbordamiento. Por esto te defiendes: porque has mostrado tu vulnerabilidad máxima al otro *con condiciones*; y tu sensación es que el otro se permite hacer contigo lo que tú no esperas que haga. Pero esa vulnerabilidad es una bendición, es sagrada, es necesaria para sentir la vida, para ser, para brotarte y sonar.

Pierdes la vida al perder la vulnerabilidad. Es más, no sabes qué es vulnerabilidad. Sí, suena a algo blando y que da vergüenza. Por eso no lo quieres ni mostrar, ¡que no te toquen! Pero de tanto escondrijo, ni para ti existe.

Por definición, eres vulnerable. Muy vulnerable. Se te puede herir, se te pueden meter dentro, muy dentro, se te puede radiografiar, escanear, escudriñar. Y, ante tales *amenazas y peligros*, la primera acción es la reacción. RE-ACCIÓN, que quiere decir, actuar en contra de..., no por *motu propio*, sino como respuesta a una sensación de sentirte atacado.

## Vulnerabilidad es fortaleza

Vulnerabilidad es una cualidad humana. He dicho cualidad, sí. Cualidad. Tu cualidad, aunque lo consideres un defecto, algo aniquilable, indeseable. Ser vulnerable (poco resistentes a las perturbaciones) es algo que en tu cultura se tiende a eliminar, a erradicar.

Has confundido ser vulnerable con ser débil, susceptible de ser herido, manipulable y un sinfín de connotaciones que no tienen ninguna buena prensa... Y en efecto, en parte es así. La vulnerabilidad que vive en ti, en su más profunda expresión, podría representar la desaparición de tu persona. Este es tu miedo a inundarte de ella. Estás tan acorazado que, de sólo imaginar que puedes ser sometido a las acciones de otro, desistes en el intento de abrirte, incluso en ese lugar recóndito que llamas intimidad. El temor a la relación profunda es, en el fondo, temor a sentirte vulnerable, a DEJAR...

DEJAR.

DEJAR.

No es poesía, es realidad, aunque no abunde. La realidad es que, dejar que suceda y dejarte, es la clave de la vida. Amar no es sólo un lado, no es sólo placer compartido, sino también dolor compartido. Es evidente que deseas y disfrutas de una cena con quien amas. Eso es gozo compartido. Pero la genuinidad e intimidad no se te dan sin compartir también el miedo.

Es curioso. Sientes miedo, y esa cosa tan potente que traspasa tu cuerpo y tus sensaciones, prefieres no compartirla. El miedo es lo que has recluido a la privacidad más profunda, cuando es justo algo que te hace más real, sensible, receptivo… si lo planteas de manera abierta a quien tienes delante. Has privatizado el miedo y, al privatizarlo, lo has sacado de las relaciones. Sacando el miedo de las relaciones, lo que muestras al otro es una imagen de ti, no tu miedo. Conviertes entonces las relaciones en un motivo más para impresionar, y no en una oportunidad para abrirte a tu vulnerabilidad.

A veces, crees que compartir tu dolor, consiste en decirle al otro lo mucho que te irrita. Pero eso no es abrirse a la vulnerabilidad. Eso es un ajuste de cuentas. Otro más. Las cuentas que tanto te gusta saldar a través de sentir cómo el otro se retuerce con tu relato del daño que te ha hecho. No habla el daño que el otro te hace. No es el daño que habla ahora. Eso es daño percibido. Habla tu herida que duele cuando crees que el otro, al mostrársela, al contársela, puede pisar, aplastar, ahondar en ella. Lo que te abre es el hecho de compartir tu herida. En eso notas la serenidad de quienes siguen unidos a pesar de los años y los *dolores* que han sentido entre ellos. Sin esta apertura a lo tierno por dentro, no te conoces. Nadie te conoce en realidad si no te has mostrado vulnerable, si no te has sentido en el punto de entregarte entero al mostrar tu herida. Sin llegar abajo, adentro, tus relaciones son un espejismo, la mera convivencia de una imagen con otra imagen. No importa que no te correspondan al abrir tu herida. Estás tú para protegerte. Aunque si hay mutualidad, entonces hay movimiento en la relación.

Sólo un ser egocéntrico, un ser apegado a su imagen (a su idea de cómo han de ser las cosas) puede resultar herido:

- Si no consigo esto de alguien… seré desdichado.
- Si no me llama… es que no le importo.
- Si no es sincero conmigo… es que me está utilizando.
- Si me miente… es que no vale nada.
- Si no me responde… es que no valgo como persona.
- Si no me quiere… es que se ha aprovechado de mí.

El dolor no tiene que ver con lo que hay, con lo que sucede, sino con las opiniones que suscitan en ti aquello que te sucede. No hay daño sino opinión del daño, una idea, un relato, un cuento del daño. Una creación tuya que tiene más que ver con tu herida, que con lo que el otro hace o deja de hacer. A lo que llamas daño no es sino daño percibido. Percibido quiere decir que tú lo ves, pero podrías no verlo, si te das cuenta de que, una cosa es que alguien prefiera dejar de verte y otra, que la causa de eso (dejar de verte) tenga que ver contigo.

Te encanta que los demás tomen decisiones gracias a ti o por tu causa:

- Me ha dejado porque no le gusto.

- Ya no me llama porque he sido pesado.
- Le funcionó con el psicólogo que le recomendé.
- Se siente mejor gracias a las pastillas que le di.

El protagonista siempre eres tú. Es decir el *yo*: a causa de que otro existe, el primero reacciona. Has montado las explicaciones de las relaciones en base a causas y efectos que son falsas, explicaciones egocéntricas que no explican nada sino alimentan el ombligo de quienes las pronuncian. Y el mundo se mueve en base al logro de unos que han hecho gracias a (o por culpa de) la acción de otros. Si miras, en el fondo, tu regocijo siempre es narcisista, egocéntrico: algo que, invisiblemente, te ha dado placer en la relación con alguien gracias a que tú (por buenas o malas acciones por ti juzgadas así) has intervenido.

¿Sigo?

El egocentrismo es la motivación básica de tu relación con los demás. Y tras el egocentrismo… se halla tu herida, tu negativa a desparecer. No hay más inconveniente que la negativa a desparecer como causa y agente de lo que los demás sienten a través de ti: si te dejan es que tú has tenido que hacer algo (en definitiva, eres tú la causa); si se lo pasan bien contigo es que tú sabes hacer sentirse bien a esas personas. Hay una parte de ti que necesita estar siempre presente. Necesita ser quien ha hecho lo que ha sucedido, sea en algo que juzgas como bueno (que el otro te elija) o malo (que el otro no te elija, te abandone o te rechace). Lo placentero o desagradable le trae sin cuidado a esa parte de ti. Esta parte, lo que quiere, es aparecer y estar presente.

¿Te imaginas la vida de quienes dices que amas, sin ti? Seguro que seguirán viviendo sus vidas, conectando con quienes conectan y haciendo lo que les toca hacer. Sin dejar de interaccionar con otros, observa que la implicación personal es la llave del miedo.

Sin importancia, no queda nada de daño. Nada. Desaparece tu identidad fabricada, tu prestancia y te quedas con la sensación de que no hay nada. Pero es justo ahí donde empiezas *tú* de verdad. La importancia es sólo el resorte que mantiene activa tu imagen ante ti mismo y ante otras personas. Siempre necesitas darte importancia. Es la clave de la vida inventada. La importancia es la motivación del mundo: ser importantes para otros. ¿Por qué? Porque tú no te sientes vivo.

Nadie te hiere, eres tú quien favorece el daño manteniendo una idea de cómo ha de ser tu guión de vida, el relato egocéntrico de lo que cuentas que te pasa.

## No eres nada importante

No eres nada importante, créeme. Eso es lo mejor que te puede pasar. Llegar a la conclusión firme y profunda de que no eres nada importante. Y ello no significa que no valgas, que no *seas*, que no estés vivo, que tengas que suicidarte. O quizás sí significa que no vales. ¡Qué alegría sentir al fin que no vales nada! Por fin dejas de obtener sensación de vida de la necesidad de hacerte valer, y valer para otros. Porque, dejar de valer, es entrar en el reino de la esencia, en el reino de Dios, donde la moneda de intercambio no es el valer, el tener, el merecer, sino el sentirse vivo y estar aquí porque sí.

Puedes obtener el sentido de las cosas, no del sistema de importancias y merecimientos en que basas tus relaciones. Cuando te das cuenta de que el guión se escribe sin ti, sin ser tú el protagonista, empiezas realmente a vivir, a sentir desde abajo y a respirar en modo preciso y auténtico. Hasta ese momento, tus respiraciones son sólo hálitos agónicos de necesidad de preponderancia, y de ser la causa de lo que, a los demás, les sucede.

El obstáculo sólo es resistencia a desparecer de la idea que tienes de las cosas. Porque, en el fondo, lo que anida en ti, nunca desaparece. Desapareces de tu idea que tienes de ti y de la idea del daño percibido que arrastras tras años de confusión.

Como ser humano, no vales, eres.

No mereces nada porque todo está aquí. Si juegas a merecer, te expones al maltrato y a la decepción. Si juegas a ser importante, te espera la sensación de despersonalización o de encumbramiento. Y entonces volverás a creer en el daño que otros te hacen y en la necesidad de defenderte para ser feliz.

Y, quien desea defenderse, crea fortificaciones, muros y estrategias de ataque.

## El genuino proceso de humanización

Has crecido en un mundo hedonista… y tú sin saberlo. Hedonista quiere decir que, lo que te guía es lo que te da placer. Te educaste en un ambiente de placer que te hizo inválido ante el dolor. ¿Qué hay entre tú y el dolor de diferente a lo que hay entre tú y el placer? La aversión, el rechazo. Al placer lo acoges; al dolor, lo apartas. Y, haciendo esta diferencia de pareceres, navegas inconsciente, atrapado en la atracción de lo que aprendiste como bueno, sin dar por bien empleado lo que te sucede de *no tan bueno*.

Lo que parece *no tan bueno*, en el fondo, no es malo. Sencillamente es parte de lo que experimentas como proceso de esto que llamas vida. La vida parece que te hace elegir, cada día, entre afirmarte en lo que te gusta como único estandarte, o acoger tanto lo que te gusta como lo que no te gusta. Y, en el fondo, sólo abrazando *todo*, a lo que llamas bueno y a lo que llamas malo, puedes sentirte un ser humano.

Ser humanos es tener el estómago que da cabida a todo lo que te sucede. Tanto si te haces millonario como si tienes un cáncer, te sucede lo que te sucede, lo aceptes o lo rechaces. Pero tú, entrenado en el rechazo de lo que te hace sentir *no muy bien*, confundes ser humano con ser hedonista, apartando de tu vista lo que no quieres para ti, porque crees que no tiene que ver contigo.

El genuino *placer* está en la apertura a todo lo que te sucede, y no en un sesgo de las cosas que te pasan. Porque, si descartas lo que parece *no muy bueno*, entonces no consolidas, no te haces, no maduras, no ennobleces. Estás condenado a pulular como un alma en pena, sintiéndote a la zaga de lo que te sucede y acorazándote sin remedio. No sabes que, lo que te hace ser humano, es ser tú a cada instante, sumergiéndote hasta el fondo en cada una de las circunstancias que te traspasan. Y, al sumergirte, el dolor y el placer dejan de ser entes aparte de ti mismo. Entonces, eres *lo que de verdad siente y vive una vida real,* en la que aprendes que, hacerte humano, ni es bueno ni es malo.

Las experiencias que más te inquietan, te humanizan; las que más te ensalzan, también. Lo que crees que hiciste por venganza a otros y lo que crees que estos otros te hicieron a ti... también son experiencias de humanización. Humanizarte es abrirte a lo que dices que no quieres para ti pero de vez en cuando te sucede.

Exponerte al rechazo, a la soledad ante la responsabilidad de la vida, el temor a la pérdida, la traición o el abandono, te humaniza, te sensibiliza con tu realidad descartada y te acerca a la integración. Sin integración, oscilas entre la aparente virtud y el aparente defecto, juzgando realidades y llegando a conclusiones.

Sin integrar que te rechacen, oscilas hacia el orgullo.

Sin integrar la soledad, oscilas hacia la dominación y la autosuficiencia.

Sin integrar el temor a la pérdida de alguien, oscilas hacia la ilusión y la vanidad.

Sin integrar la traición, oscilas hacia la estafa.

Sin integrar el abandono, oscilas hacia la insensibilidad y el raciocinio.

Integrar, dar cabida a *todo,* esta es la experiencia genuina de humanización. Y evitarlo, te hace ocupar un cuerpo sin vivir en ti...

# 5. El hechizo de las causas y los efectos

## El lastre de la autoestima

¿A qué llamas autoestima sin darte cuenta? Al *deseo de poseer*: autoestima tiene quien se cree el propietario privado de sí mismo, cree que se gusta, se conoce y reconoce. Ser autor de las acciones y los pensamientos; sentir que eres el responsable de lo que te sucede: la autoría personal. La percepción de uno mismo se basa en la comparación, en la distancia con otras personas, con otras entidades. No habríamos inventado el concepto de autoestima si no es por comparación con los demás: tengo algo en contra de lo que otro tiene, o por encima.

Autoestima es afianzar una realidad aparte, separada del resto, una compra.

Si soy más responsable y autor de lo que hago, soy más fuerte y afianzo mi personalidad. Este es el lema de la autoestima. La autoestima se ha construido sobre la idea de la responsabilidad pero, al mismo tiempo, la del aislamiento como entidad aparte, separada, autónoma. Pero no eres nada aparte de tu esencia y tu esencia no necesita autoestimarse. No necesitas valer para ti mismo, porque estás unido a lo que está por encima del valor de las cosas. No necesitas interferir, entre tú y tu esencia, con un sólido concepto de autoestima.

La autoestima no es *entusiasmo*, es una imagen que sugestiona tu presencia en este mundo con una responsabilidad que te supera. Entusiasmo quiere decir *llevar a Dios dentro*. Cuando sientes pasión, cuando sientes entusiasmo con tu *adentro*, algo que no controlas es lo que te lleva a hacer lo que haces. Llegados a este lugar interior, tu mente se detiene, porque no puede confiar en que se lleguen a hacer las cosas desde, lo que ella considera, un estado de no hacer nada, donde ella no intervenga. Pero el entusiasmo es otra cosa, es tu música interior que suena sin que te des cuenta y quiere sorprenderte. Quien cree que no hace nada es tu mente pero, dentro de ti, la música se encarga de todo, no necesitas preocuparte… Hay pura acción interior y no pasividad. Lo que ocurre es que no existe la sensación de ser responsable porque tu música tiene vida propia, se basta a sí misma para salir y expresarse… y tu mente se asusta. Tu mente cree que, al no estar directamente involucrada, entonces es que ahí afuera no se está haciendo nada de provecho.

El entusiasmo no tiene como consecuencia resultados provechosos para la mente, porque se está expresando en este idioma, de color rojo intenso, con el que tu pasión salta afuera. El entusiasmo brota de haber conectado con tu expresión interna más íntima y lo único que puedes hacer es *no interferir* para que construya su propia melodía. La melodía te da la sensación de que no es ni siquiera tuya, y es cierto. En realidad, la mente, acostumbrada a ser la propietaria de las ideas y los resultados, cree que, la melodía que se escucha afuera, no le pertenece. Esa música no tiene dueño, no hay responsable, no hay autor. La música sucede a través de ti, esa es la manera que tiene ella de manifestarse.

Puedes utilizar la mente a favor de alimentar la imagen de autoestima que tienes de ti o a favor de lo que te entusiasma. Ya no es básico y vital seguir los impulsos de la mente a favor de tu autoestima porque la música interior se convierte en el motor de lo que tus manos hacen, con la sensación de que *tú no lo haces*. Tu mente no interviene en hacerlo, sino que se ve impulsada por esta inteligencia creativa que vive dentro de ti. Se manifiesta contigo y para ti, por el mero hecho de estar conectado con tu adentro, tu motor… que es el entusiasmo.

El entusiasmo rompe directamente con la necesidad de tener autoestima. Ella, la esencia interior, no necesita que la valoren para que se haga presente porque ya está presente; no depende de ser aprobada o suspendida, sino que brilla por sí misma sin que nadie la reconozca. Se manifiesta a través de ti, pero tú no eres el autor de ella, está por encima, al lado, te circunda y tu única misión es hacer consciente la predisposición de apertura a ella. Y ella hace todo el trabajo por ti.

Para sonar, el entusiasmo no necesita disfrazarse de autoestima. Pero tu mente, sin autoestima, se siente perdida y débil, se muestra como un adicto que requiere consumir más y más dosis de imagen, de logro, de importancia y notoriedad. La autoestima, sin entusiasmo, es pura imagen de ti, un apaño que la mente fabrica cuando necesita figurar, porque echa de menos una base sólida. El entusiasmo es pura fuerza que procede del adentro, magma volcánico que se abastece de sí mismo, no necesita de apoyos porque es potente de por sí.

Con la autoestima, tu mente requiere hacer un esfuerzo, pero dejándote llevar a favor de tu entusiasmo interior, el esfuerzo no existe. Lo que existe es el vértigo y la enorme sorpresa de saberte más grande de lo que *tu autoestima* había previsto para ti. Y tú sólo te rindes a aceptar que esa música suena siendo tú el amplificador.

La autoestima parece ser algo que viene impuesto desde afuera de ti, pero el entusiasmo te susurra que has venido a cantar con la música que hay dentro. Desde dentro, los recursos para salvar obstáculos aparecen, como también aparecen oportunidades disfrazadas de adversidad. La autoestima representa lucha por mantenerla, pero el entusiasmo es tu colchón, auténtico apoyo… Rendirte al entusiasmo no es un gesto pasivo, sino un rendirte consciente a la evidencia de que hay mucho más en este mundo, aparte de tu ombligo. Es la inmensidad que tu mente quiere poseer pero no puede, es el signo definitivo de que te balanceas y sientes que te acoges, sin la necesidad de que nadie lo haga por ti. Estás entusiasmado, recuerda, llevas a *Dios dentro de ti*.

Cuando bebes de tu adentro, no necesitas autoestima… La autoestima es sólo una fase, una etapa en la que tu mente se refugió. Te sobra la autoestima para la inspiración.

¿Se te pasó la edad de la autoestima?

## El atractivo de la posesividad y de la propiedad privada

Siempre quisiste ser objeto: tienes el deseo de ser poseído.

Tu relación con el otro es de posesión: tu casa, tu punto de vista, tu manera de ver las cosas, tus sentimientos… Todo tuyo. Vives en el lenguaje de la propiedad privada, de la entidad que ha creado el hecho de sentir que algo te pertenece. Como poco, te gusta saber que, tu manera de ver las cosas, es tuya. La propiedad privada es la moneda de intercambio también de tus relaciones y, con ello, el sentido de la posesión. Posees personas como posees objetos.

Dices: *tu pareja, tu hijo, tu padre, tu relación, tu amigo…* El lenguaje establece la referencia posesiva y la nomenclatura adquiere sensación. Pero, al lenguaje y la sensación, también les acompaña el sentimiento: el sentimiento de poseer y ser poseído forma parte de las relaciones. Te encanta que te posean, que te tengan, ser de alguien. Eres objeto de otras personas y otras personas lo son para ti. Lo notas así:

- Si no se fijan en ti, te sientes que no vales.
- Si no tienes amigos ni pareja, eres un bicho raro.
- Si no te relacionas, tienes un problema y, mientras más tiempo estás sin relacionarte, el problema es más grande...
- Si no te saluda, es que no le importas.

Desear que te quieran es necesidad de sentirte poseído, referenciado, por alguien que piensa en ti. ¿Qué son estas situaciones sino síntomas de la propiedad privada? Del mismo deseo de poseer y ser poseídos. Desear poseer o ser poseídos, carece de bondad o maldad. Sencillamente en eso se ha basado tu autoestima, en la necesidad de poseer: la manera de aprender es posesivamente.

Has de tener esto en cuenta, hacerlo consciente para unirte con ello, pues tu mente lo rechazará como inoportuno. Reconoce sin pudor que tu mirada está focalizada en lo concreto, en la posesividad, en lo material, en tu convicción profunda e inevitable de que tu identidad depende del deseo de ser poseído y de poseer. A la que te quitan esa sensación, el auto-concepto se desmorona. No te saltes el paso de darte cuenta de esto… Has construido tu auto-concepto y la autoestima sobre estos bastiones básicos: poseerte y cosificarte, como a los objetos. No huyas de esta idea, conocerla es el primer paso hacia la transformación, hacia tu *alquimia* interior.

El pronombre posesivo *mi* es la clave, *mi pareja, mi relación.* El pronombre engulle al objeto a que se refiere. La entidad la consigues gracias a pertenecer a algún lugar: el sentimiento de pertenencia se alimenta y da sentido al hecho de sentirte vivo. Y ante todo, cumple la función de darte seguridad.

## La necesidad de seguridad

La seguridad es un dispositivo que llevas incorporado y que, sabes de ella, sobre todo cuando no la tienes. ¿Qué quieres decir cuando expresas *me siento seguro*?

La seguridad es la consecuencia del control:

- Cuando sabes que tu pareja se va a comportar como esperas que se comporte, te sientes seguro.
- Cuando tu hijo vuelve a la hora que sabes que vuelve, renuevas la sensación de seguridad.
- Cuando te pagan a fin de mes el trabajo realizado, te sientes seguro porque recibes lo que esperabas.

La seguridad es aquello que sientes cuando se cumple lo que tienes en la cabeza. Pero, cuando lo que se da en la vida va más allá de las categorías que tienes esperadas... te desesperas, te vuelves inseguro. La inseguridad la notas porque categorizas, salvaguardas, demarcas... La seguridad se ha convertido en el compromiso invisible que caracteriza los vínculos entre tú y ellos. Necesitas seguridad. Pero buscas seguridad en lugares frágiles, muy frágiles, en lugares que pueden tambalearse a cada instante porque los mimbres de tu esencia interior te echan de menos.

No eres sino parte *de todo*. En el afán de alejarte de la idea de *ser igual a quien detestas*, te has disgregado y distanciado de la conexión con los elementos que te rodean: crees que eres una cosa y, el árbol, otra, como lo crees de la roca o el río. En tu esencia, no hay objetos ni sujetos sino dimensiones, sustancias y manifestaciones diferentes *de la voz entusiasmada*. No porque tengas la capacidad de razonar, estás desligado de la Naturaleza. En tu más profunda esencia eres moléculas, movimientos, reacciones químicas y manifestación en alguna forma, sólida, líquida, etérea o sutil. Tu naturaleza humana no vale más que la geológica o la animal. Sólo que –como las ves y designas– crees que no eres como ellas. En este viaje, de edades y épocas, has pretendido alejarte de la hermosa forma común que teje todos los elementos que te circundan.

No eres el centro de nada sino que estás interconectado.

Durante el tiempo que empleaste en poner nombres a las cosas, te olvidaste, perdido en las palabras y los conceptos, de tu relación fundamental, básica, que te constituye: la fuente de vida que genera, promueve, propugna y regula el movimiento de las cosas.

¿Qué sabes del universo?

Para empezar, lo has convertido en una entidad separada de tu adentro. Por lo tanto, un objeto más. Hablas de este concepto como si, relacionarte con ello, fuese algo anecdótico, extravagante… cuando es justo de lo que formas parte.

Tu familia no son tus padres. Ellos son lo coyuntural. Sin embargo, *Dios dentro de ti* es tu esencia, aquello que te constituye. Él te abarca aunque tú no lo sabes. Eres prolongación de su influencia. Has tenido que inventar relaciones de parentesco para entender el universo…

¿De dónde viene la necesidad de buscar explicaciones? De un esquema de causa y efecto que tienes incorporado a modo de automatismo mental, emocional y físico. Crees que las cosas necesitan explicaciones. Buscar una explicación es como buscar un padre afuera. Cuando preguntas *por qué,* acabas de abrir la distancia entre los que eres y lo que haces, entre ser visto y simplemente confiar... Explicar es una necesidad científica que te sujeta a ese invisible parámetro de fondo, el control: explicar es proteger desde afuera, es crear en tu mente la sensación de que vives en un nido que otros fabrican para ti, una cuna amorosa concebida para que estés *seguro en este mundo.*

## La falsa protección

La protección es el lema soterrado de la publicidad, de los intercambios entre personas, de las campañas políticas... En un puro aspecto material, se te quiere salvar de algo que no se sabe bien de qué se trata. Heredas de la educación un contexto de necesidad de seguridad, que luego se transmite inevitablemente a las teorías que tienes de las propias relaciones. No entiendes lo que significa *soy el hijo de Dios*. Lo confundes con la propiedad privada de alguien. Eres algo de alguien. Pero nada más lejos de la realidad...

En la escuela te enseñaron que no tienes entidad si no es por la relación de parentesco con tus padres y así, luego, ello se traslada a tus propias maneras de entenderte: comúnmente piensas que el hijo se parece al padre, que tiene rasgos de éste y muchos libros te cuentan que eres como eres debido a cómo son tus padres. Que eres la consecuencia de ellos: "como mi padre era violento yo lo soy" o "no soy más activo porque mi padre me reprimía".

Estás invadido por el mecanismo de la *causalidad*: que eres como eres debido (a causa de, por culpa de) a alguien —tu padre— quien, a su vez, se comportaba así a causa de cómo lo habían tratado sus padres a él mismo. Te anida la *causación* y genera en ti el profundo sentimiento de soledad que ni siquiera existe. Es la seguridad externa la que disgrega la esencia fundamental de ser: cosmos, totalidad, sin causa ni efecto, una dimensión transcendente, presente, aquí y ahora.

Estás colonizado por un colono causal. La ciencia funciona estableciendo causas y efectos de manera progresiva y sistemática.

Has aprendido que las cosas son efectos, consecuencias de algo, que provienen de alguna parte. Que las cosas no surgen de la nada, que hay siempre alguien detrás, un algo anterior, una explicación, e infantilmente has cosificado el propio nombre de Dios, has hecho apropiaciones a reyes, padres, emperadores, divinidades, *causadores* que arropan y esconden la auténtica naturaleza de la relación profunda que mantienes con la esencia fundamental.

El esquema de causas y efectos es el marco explicativo básico de tu manera de ver el mundo, el rasgo distintivo de análisis, el patrón por antonomasia de entendimiento de las cosas. Has creído el cuento de la necesidad de que alguien, afuera, te proteja. Lo has representado… El cuento vive en ti y eres el fiel actor que no sale del guión de quien reclama afuera porque no acierta a beber de adentro…

## Tu mundo está hecho de la unión de los argumentos

Sí, tu mundo está hecho de la unión de los argumentos. No hay nada unido ni desunido pero tu mente los une, los ha juntado y establece causas y efectos que cuadran en una historia.

Crees que eres la historia que cuentas de ti mismo. Una historia…

Si no la cuentas, no eres esa historia y estás en tu divina naturaleza. Pero cuando la cuentas, te identificas con ella y la reverencias, la alabas y la tejes cada vez para acordarte de quién eres, no de lo que eres. No eres la historia ni nada que ver con ella. Nada que ver con nada de lo que tu historia cree. Nada.

Hay el mundo que sale por la boca cuando lo narras, y parece que se refiere a ti, pero sólo sale por la boca una historia que cree saber de quién habla. No habla de nadie. No habla de algo real, se lo ha inventado. Te cuenta tu boca la historia que sabe de ti y la lanza afuera para sugestionarte de que eso eres. Pero no lo eres, sólo lo parece, porque te has identificado con ella, con la historia… Si algo sale de la boca, en los murmullos y las palabras, se narra algo que se refiere a la imagen de ti. Pero una imagen no refleja sino lo que hay en otro lugar.

¿Dónde? En ninguna parte. Tú no estás en ninguna parte fuera de ti.

Por ello, lo que narras es nada. Es una versión desfigurada de lo que no eres, con el ánimo de contener el inquietante misterio de lo que llamas existencia.

Ahora hay lo que hay.

¿Qué representa la vida que vive en ti? ¿Tiene la vida que ver con lo que verdaderamente eres?

## La seguridad del cuadrado

El cuadrado sujeta, contiene… Y ello te da seguridad. Estás programado en la contención de las cosas: la música cuadrada, el ritmo cuadrado, el control de las emociones, los tiempos, la retención contra el desparrame, contra el desbordamiento. Has cercenado el fluir de la vida, el desbordamiento, la salida, el agua que se sale y todo lo impregna.

Contienes. Te muestras como contenedor de cosas y de sensaciones. A la postre, muerte de los procesos vivos… porque la vida se derrama, esa es su esencia, se entrega… Y has creído que debe contenerse para poder poseerla, contarla, atesorarla.

Inventas familias, parejas abiertas o cerradas, leyes que regulan lo no regulable. Regulas lo que se acerca a la apertura, la expansión, la eclosión de los elementos, las sensaciones…

Cuadrados.

Las estructuras de tu cultura son cuadradas; determinan, perfilan, sujetan. Hay que sujetar: al niño en la cuna, al viejo en la cama, al enfermo en el hospital, a la mujer en la casa, al hombre en el trabajo. Has inventado el lugar para cada cosa, el costurero, la caja de herramientas, el botiquín… Todo regulado en un orden de categorías que no se desparramen nada de nada, que no se mezclen.

No ves que las cosas se interrelacionan, que todo está en todo y que los limites no existen sino como concepto. No ves que la vida delata a cada paso que no hay nada que sujetar sino abrir, expresar, contar a voces…

## El pérfido trasfondo de la psicología evolutiva

Aunque no te lo hayan contado, los bebés están desvalidos pero no son inconscientes.

La infancia es período de máxima conciencia pero mínimo nivel de supervivencia. Y en cambio, tú, aparente adulto, te manejas en un espacio de potencial supervivencia pero mínima conciencia. Qué curioso: en realidad, al crecer, decreces, si tienes en cuenta que te has alejado de tu fuente, tu verdadera conexión como *parte de…*

La percepción en psicología del desarrollo humano y en psicología evolutiva es que los niños no saben nada y que tienen que aprender, que son cajas vacías que necesitan llenarse a toda costa. Aunado con ello, mantienes una teoría que ha explicado que los bebés nacen con nada y que han de absorber todo de afuera. Que no haya capacidad de supervivencia es una cosa, pero ignorar que, cuando naces, eres conciencia pura, te hace dependiente de que alguien piense por ti, en vez de entregarte al reposo de tu voz interior.

No hay nada ajeno a ti: la roca no te es ajena ni los perros, ni las plantas, ni el aire, ni lo que llamas luna. El universo no es la astronomía, no son los planetas de la vía láctea. El universo está en ti. En mí. Somos relación. No existe separación entre aquello a lo que llamas universo y tú. No hay espacio, no hay distancia, pero en tu mirada materialista así percibes y vives literalmente de la apariencia de ser algo que no eres.

Sal a la calle y observa: que el asfalto, el árbol, la pintura en el suelo, los vehículos… todos esos objetos no están ahí aparte de ti. No, porque los veas, están separados de ti. Son y viven en ti pero los ves y los designas como consecuencia de que crees que no eres parte de lo que ves.

Es tu creencia la que te hace ver algo aparte de ti, diferente a ti. No hay un aparte. Si cierras los ojos, el aparte deja de estar y todo está en ti. Es más, sólo eres tú, que replica dentro de ti lo que ves y crees que lo ves, pero sólo está en ti. Es un espejo. Tú eres el asfalto, el árbol y la sensación de calor que percibes en la calle.

La creencia es la que te separa. Sin creencias, sin interferencias, eres el filtro perfecto para tu voz interior. Sólo una dimensión que no necesita designarse.

## La línea de conexión elige por ti

Hay un espacio invisible que marca tu nivel de atracción. No lo sabes porque no lo ves. Es invisible pero lo sientes. Tú siempre quieres algo, tienes un deseo, más allá de tu intención.

La resonancia es la propiedad privativa de ese espacio invisible.

Para conectar contigo tengo que entrar en tu espacio de resonancia, lo cual sucede. No puede forzarse. Es la dimensión de las atracciones y repulsiones, de la conexión entre tú y yo.

Tú quieres a alguien. Ésta es tu línea de conexión. Lo que no entra en esa línea, espacio, lo descartas. Descartas a alguien porque no entra en tu línea de conexión, no tiene nada que ver con tu resonancia, que sigue siendo otro alguien. Tus ojos no ven lo que surge de esa estela, espacio de conexión. Lo que no entra en ese código, lo descartas porque lo vives como peligro o distracción.

La resonancia es inevitable, atávica, no se puede hacer nada contra ella. Sólo puedes unirte con otro siendo atrapado en su línea de conexión, aunque lo vivas aparentemente como en tu contra. Las conexiones son severas, rígidas, monolíticas, tienen una ley: la estela que marca un vínculo sórdido de unión que se ha gestado mediante el hábito, el deseo, la propia carencia y la necesidad de fusión.

La creencia subyacente es que, para ser tú, necesitas alimentarte de otro. Pero no puedes entrar, de manera forzada, en la línea de conexión de nadie. Deja de intentarlo: ni argumentaciones, ni regalos, ni petición de encuentros. Para acercarme a ti, he de entrar en tu órbita, algo que sucede y no se planifica ni es fruto de la voluntad.

Amar a alguien es permitir que ame lo que ama, aunque no seas tú.

Te atrae alguien porque ha entrado en tu necesidad de vinculación, porque representa lo que crees que te atrae, porque es tu deseo aunque no sea correspondido. Los vínculos son envolventes. Globales, redondos. La envoltura tiene un límite. Por eso es envoltura, cerrada, cíclica, manifiesta, abierta pero endogámica. La energía, en su manifestación, adopta formas. Y, el código de conexión, es a través de esa forma. Puedes estar muy separado de alguien, mucho, pero la huella de la resonancia marca que la atracción existe, y que sigue vigente, moviéndose.

Todo se mueve a la perfección, pero la mente, entrometida, intrusa, quiere forzar. Y viola las conexiones (pretendidamente) pues la vida te pone en tu sitio, cada vez, cada segundo, en este instante. Con cada persona: cuando pretendes poco o demasiado hacia ella…

Ahora, ¿dónde estás? ¿Cómo giras? ¿A qué dedica el tiempo tu atención? ¿Dónde estás volando? ¿Qué paisajes encuentras? ¿Qué luces percibe tu visión que hace que estés donde estás? ¿Has sentido alguna vez el hilo sorprendente que te ancla a lo que haces? ¿Qué te atestigua lo que sientes sin apenas darte cuenta?

Y dónde está quien quieres, quien te atrae, quien dices que te gusta.

¿Dónde está?

¿Vuela?

¿Canta?

¿Se esconde?

¿Rechina?

¿Advierte?

¿Se queja?

¿En qué dolores se haya quien dices que te perturba? ¿Qué te une a quien dices que detestas? A quien detestas es de diferente cualidad a quien dices que amas… ¿a quién prefieres? ¿Dónde nacen las preferencias? ¿Nacen en alguna parte? ¿Por qué prefieres el rojo al verde? ¿La menta a la fresa? ¿Dónde hay conexión contigo y donde no la hay?

**No hace falta conocer**

Vi tu foto. Fui a tu funeral sin conocerte. Los demás se extrañaban de mi emoción pero yo, sin necesidad de haberte conocido, intuí mirando aquella foto que eras una mujer sola, que bebías vodka como consuelo a tu vacío.

No hace falta el conocimiento para sentir el hilo del corazón que decide morir, antes que afrontar los pedazos inertes de la vida que nunca fue. Sin vida, dividida y por partes, pululas como fantasma errante queriendo adherirte al cuerpo que has prestado a otros y que ya no te pertenece.

Destilas humo, sufres de náuseas a escondidas, y crees que eres invisible a los ojos de los demás. Pero los rasgos de tu cara te delatan a cada paso. El corazón, que mira abierto, reconoce tu dolor maquillado de alcohol y apariencia intachable. Tanto te valiste de disimular, que ni siquiera tus párpados se aflojan. Yo lo noto… Tú juegas a esconderte y te acorazas de modales discretos, que son el opuesto de lo que resuena dentro de ti.

Aunque nunca te conocí, sabes que te huelo. Y prefieres dejar este mundo antes que rendirme cuentas. Pero yo no te las pido. Eres tú quien las necesita dar porque, aún, desde tu ausencia, sabes que nos dejaste sin que escuchásemos tu auténtica voz.

# 6. Emociones y naturaleza

**La sociedad de la extirpación**

Sientes...
Me agobia
Me enfurece
Me abato
Me alegra
Me estresa
Me traiciona con otra persona
Me deja en ridículo
Me apoya
Me ama
Me enloquece
Me transporta...
Piensas...
Soy agresivo
Tímido
Tengo miedo
No sé lo que voy a hacer
No sé elegir
Tengo ansiedad
Depresión
Tristeza

Me da rabia

No lo soporto

Me canso

No sé lo que quiero

No tengo pareja

No me comunico

Soy distante


¿Qué te quieres quitar, erradicar de ti, qué no te gusta? ¡Cómo es posible que haya cosas de ti que no te gusten! Has caído en la trampa. Te programaste para detestarte y lo has conseguido. El plan dentro de ti cumplió su misión: te detestas, te quieres cambiar: la cara, el cuello, el humor, la timidez, al padre de tu hijo, las arrugas… el mismo tema de siempre: que tu madre te controla, el desamor de tu pareja, la inconsistencia de tu amante, la falta de cariño de tu hijo...

Vives en la sociedad de la extirpación, de la eliminación, del cambio de lo que hay en ti. De creer que estarías mejor si no vivieses lo que estás viviendo. Y ese cambio lo asumes como oportuno, como desarrollo personal, como posibilidad de mejora, de avance o renovación. Tu mente acaricia en silencio –y no te das cuenta– la idea de que las cosas se arreglan eliminando lo que te molesta y añadiendo más de lo que da placer. Te lo querrías quitar de encima. Así. De golpe. Todo lo que te molesta.

Fuera.

Venga ya.

Vete.

Rápido.

Extírpamelo.

Vas al psicólogo para que te quite este dolor. Esta angustia, esta ansiedad... Vas al médico para que quite lo que te sobra o te ponga lo que te falta. Ese es el profundo deseo de la mente, aplastada en juegos de quita y pon, suma y sigue, haciendo sonar la eterna canción de quien te hace sufrir, maltratar, quien no te complace o no se comporta como quieres. O añorando lo que no tienes, lo que podría ser mejor, más bueno, más placentero, te haría más feliz o más inteligente.

Tu mente aprendió a defenderse de la naturaleza de las cosas. Eso es. De la propia naturaleza. De su propia fuente. Su historia es la historia del desprendimiento de su fuente. Reniega de ella. ¿Has pensado alguna vez que los procesos que suceden afuera de ti son pura réplica de tus voces interiores? El principal programa para el que fue entrenada la mente fue este: la erradicación. Y lo vuelvo a repetir: no soporta la naturaleza de las cosas. Se maneja mal en cuestión de instintos, aconteceres y tormentas.

La Naturaleza enseña que algo no deja de ser hasta que no deja de ser. Es lo contrario de lo que cree el mundo. El mundo cree que puede evitar que algo sea lo que es, por el mero hecho de que molesta, duele o perturba. Y entiende que la Naturaleza es peligrosa, algo que hay que vencer, combatir, aniquilar, limitar, poner a raya. El hombre, asustado, se jacta de estar por encima de la Naturaleza, de controlarla, manejarla y acorralarla. Y a eso lo llama progreso. Haces del mundo psicológico lo mismo que con los objetos: algo te duele, te tomas una pastilla; algo no funciona, llamas al electricista para que lo arregle... Pero la esencia de la vida es... que las cosas suceden hasta que dejan de suceder. No hay voluntad personal que pueda con el ritmo intrépido e imprevisible de la vida.

¿Cómo entenderlo? El problema está en las consideraciones de ti mismo. Has inventado explicaciones también sobre ti, para controlar lo que no te gusta de la vida, pero las explicaciones son sólo eso, descripciones, no soluciones.

Con las explicaciones crees que puedes provocar que, algo que no te gusta, deje de serlo. Dices: "estoy deprimido", o "soy agresivo". Y para cambiarlo, recurres a explicarte que te han abandonado, que tus padres eran así contigo, que eres agresivo porque lo fueron contigo. Y te sugestionas creyendo que la explicación es el modo de que tu agresividad deje de estar en ti. Pero te engañas, la agresividad que sientes no dejará de estar hasta que no deje de estar.

¿Cómo se encaja esto? No hay método psicológico, terapia efectiva, o dinámica maravillosa que cambie nada dado que, lo que existe en ti, no es pernicioso, ni algo que tenga que dejar de existir.

Existe.

Sucede.

Verás... Hay un mecanismo invisible en la vida que se expresa en el código del suceder, del sentir, del acaecer... La lluvia sucede. ¿Tiene explicación? Sí, claro, que hay una borrasca y ello nos sirve de agente. Pero ¿puede dejar de suceder la lluvia por el mero hecho de saber cuál es su causa? Las explicaciones describen hechos, pero no sirven para que éstos dejen de suceder. No.

La lluvia no deja de suceder hasta que no deja de suceder. Es muy simple: llueve hasta que deja de llover. No hay control. La explicación no es un método para dejar que las cosas cesen. En cualquier caso es una sugestión mental que te acerca a una sensación transitoria de tranquilidad.

Las mareas suceden y no dejan de suceder por mucho que las expliques. La concepción de una vida en el útero de una madre, sucede. El río sucede, suceden las muertes y el nacimiento, es inevitable, aunque puedas ilusionarte con controlar su existencia o su permanencia.

Los procesos internos son de la misma naturaleza pero, por mor del denostado sufrimiento, has querido extirparlos de tu conciencia, haciendo entonces que se alarguen y sean incomprendidos. Ser agresivo está ahí. Como lo es sentir que te deprimes o que te cansas. Te propongo comprenderlo.

Cuando eres agresivo o estás deprimido, ello te sucede. La agresividad te sucede y no dejará de suceder hasta que no deje de suceder en ti. ¿Puedes hacer algo por evitarla? No. Simplemente eres el medio en el cual ella se expresa. Como el color de tus ojos, el aire que respiras o la piel que te contiene. No es algo de lo que hayas de desprenderte, sino algo a lo que darle la bienvenida como proceso que te está sucediendo. Sucede dentro de ti y se despliega. Ello toma base, partido, se expande, se desarrolla en el tiempo y se complace en extenderse. Su naturaleza es propagarse, como lo hace lo vivo. ¡Siente cómo vive la depresión dentro de ti!...

Y tú queriendo evitarla...

Mira que aquello a lo que llamas *depresión* vive dentro de ti. Está viva dentro. Ha venido a visitarte una sensación que no busca ser extirpada sino comprendida, encajada en el hueco acogedor de tus brazos, y clamando por contarte tantas cosas que no sabes de ti... En vez de limitar la agresividad o la depresión, mira su transcurso, su acontecer en el tiempo.

La depresión es un estado. En el siglo XIX no existían en sí ni la depresión ni los tranquilizantes, ni los psicólogos tal como hoy los entendemos. Existía la melancolía, una forma natural de ensimismamiento (*en sí misma-miento*). No era una enfermedad, sino un *estado* (estar *melancólico*). En vez de pastillas, se crearon los parques románticos, frondosos, con sombra, música, fuentes, caminos para perderse y encontrarse. Y espacios para estar en soledad. Otro estado: *quiero estar solo.*

Has dado la espalda a los estados como detestas los ciclos de la naturaleza: que la vida te programe, que dependas del calor, del frío, es en el fondo, algo indeseable porque deseas controlar tu temperatura. Cuando haya cumplido su propósito, la depresión dejará de suceder, lo cual quiere decir que se transformará, como sucedió que, lo que llamas bienestar, se mudó en lo que llamas depresión. Si tuvieras perspectiva, verías que los estados emocionales no son como setas que surgen en el bosque de manera inmediata y repentina.

Tras los estados emocionales que rehúyes —buscando el tan idolatrado placer— se esconde un guión delicioso que forma parte de ti: la sensación de depresión te cuenta al oído cosas que no quieres saber de ti, de tu manera de relacionarte con el mundo, de lo sensible que eres ante ciertas cosas.

La ansiedad te narra tus límites, te los ilustra con sensaciones fuertes para plantearte saltar y dar un paso adelante. Mira que lo que te sucede te está sucediendo... y, por mucho que lo quieras evitar, te sucede. Ahí está. El sufrimiento viene de la distancia entre eso que te sucede y tus ganas de que desparezca. Si logras observar las ganas que tienes de que desparezca, entonces estarás del otro lado. Porque entérate: seguirá sucediendo aun a pesar de tus compulsivos empeños por evitarlo. Y lo que te falta es prestar atención a ese presente en el que se expresa. Tardes más o menos, el proceso del suceder tiene una huella. Es un mensaje que se instala en tu sensación, porque estás vivo.

Estar deprimido es estar vivo. Ser ansioso o agresivo es estar vivo. Lo que pasa es que tu atención se ha desviado, creyendo que has de evitar sentirte como te sientes. Que has de evitar SENTIR. ¿Qué pasa entonces? Pasa que juzgas como malo, indeseable, lo que surge en ti. Crees que el dolor es intolerable; quizás sientes, sin apercibirte, que te acerca a la muerte. Pero si te detienes, verás que es al contrario: estás más vivo que nunca. Eso que está sucediendo te hace estar abierto a ti más que nunca. Presente dentro de ti. Llamas malo a lo que choca con la idea previa que tienes de las cosas: si no te empeñaras en decretar una manera de ser de ti mismo, de cómo tienen que salirte las cosas o de cómo te tienes que comportar, no sentirías la sensación de depresión, ni la de ansiedad.

Si acaso, y como alternativa a una explicación convencional, intenta comprender… Comprende que, lo que sucede, te sucede porque está sucediendo en ti. Sucede que te está sucediendo, dentro de ti, a ti, ahora, en este momento. Aunque dure largamente es ahora cuando sucede. Por eso quieres desembarazarte de ello: porque lo percibes largo en el tiempo y querrías que ya hubiese desaparecido. Si no deseas que desaparezca, se va...

El problema no está en lo que está sucediéndote, sino en tu mirada sobre lo que sucede, en tu pretensión absurda de desligarte de lo que te acontece. No puedes desembarazarte de lo que te sucede. Pero tu mente puede (y de hecho lo hace) inventar modos para sugestionarte con que, no sentir lo que te sucede, es una manera de eliminarlo.

El viento sucede sobre los árboles, en las rocas... y ni árboles ni rocas pueden evitarlo. Por eso caen los árboles y se erosionan las piedras: porque les sucede el golpe de viento sobre ellos. Y éstos se adaptan... Pero tú no te quieres adaptar a las circunstancias de tus sensaciones: te viene la sensación de depresión y —como es desagradable aparentemente— te quieres desembarazar de ella. Así, te niegas a someterte a la erosión del viento de tu depresión. Si te dejaras erosionar, permitir que tus superficies se vieran abatidas sin resistencia por el soplo de lo que deprime o lo que te enerva, te sentirías hermano de la vida, te adaptarías al proceso que se deja sentir dentro de ti. Serías sensible a ti mismo. Esto es la auténtica sensibilidad.

Sigues siendo Naturaleza, por dentro, aunque lo disfraces de persona. La Naturaleza se mueve en base a cambios, estaciones, ciclos, mudas y transformaciones... Y tú te transformas, quieras o no. Eres lo que tu naturaleza quiere para ti y no lo que tú quieres imponer a tu naturaleza. Ella se abre en ti aunque tú la retengas. Puedes elegir entre la resistencia a la transformación o ceder ante ella. Por la aguda fuerza que la acompaña –cuando sientes lo que sientes–, lo sientes. Te pongas como te pongas.

Si te aguardaras a ti mismo, por un momento, verías cómo la fuerza de esa naturaleza hace crecer en ti brotes y vida para tu nueva transformación. No tienes ni idea de las transformaciones que te sostienen. Pueden hacer crecer bosques enteros, maleza salvaje y hojas nuevas que se dirigen a donde no sospechas. ¿Acaso un árbol sabe en qué se convertirá?, ¿si será asediado por el viento o dará paso a nuevos brotes y nueva vida?

Eres pura naturaleza que se desplaza y clama por ver la luz que escondes tras las apariencias de lo que quieres ser que no eres.

Sólo dejando ser lo que es, la tormenta se irá a otra parte. ¡Déjate estar en tu naturaleza!, siendo testigo del crecimiento dentro de ti, del despliegue de noticias que ahora escuchas como desagradables pero presagian lo que eres. Eres lo que clama por salir, el viento entre los arbustos y el tiempo que no se detiene; eres bruma del amanecer en un día con nubes bajas. Deja que el sol venga cuando sucede su venida, que caliente tus piernas y te haga brotar desde lo que aún es pequeño, ignorante, dentro de ti. Eres lo que tu naturaleza viva, alegre, ancha, expresa dentro de ti, a través de ti, para ser el árbol que eres. Déjate estar, déjate ser conducido por la naturaleza sabia de tus depresiones, ansiedades y afectos atravesados en tantas noches de espera, por desear que sea de otra manera, de otra cualquiera, pero que no sea esta en la que te encuentras.

¡Cómo duele sentirte *donde estás*, queriendo estar en otra parte! Duele el deseo de que sea diferente a como es, eso es lo que duele.

No tu depresión. Ella no duele. Te duele el alma encarcelada en la manera que tiene de rozarse contigo, de abrirse paso a dentelladas ante el dolor o el placer que temes en la noche para, al fin, crecerte y llevarte a ese lugar desconocido, en donde no sabes qué eres pero, por fin, respiras.

Tu depresión te conduce a más vida, a más...

Eres lo que todavía no ves. ¿Cómo va a ser si, ni siquiera lo dejas que sea? Eres potencialmente lo que no quieres que suceda, lo que no quieres que suceda dentro de ti. Pero si no lo dejas, de una manera u otra, su naturaleza se abrirá paso a través de ti, en forma de enfermedad, dolor, insomnio o muerte... No sabes que tu depresión es una manera de moldearte, de llevarte a casa, a ti, a tu esencia. Eres como una planta, pura naturaleza.

Lo siento. Siento tu disgusto al leerme. Mejor no, no lo siento, lo celebro. Celebro que la vida se abra paso a través de ti en forma de sensaciones que no quieres para ti. Mira la idea que tienes de ti: pequeña, estrecha, estancada, anodina, repetida... No vale nada. Crees que estar bien es no sentir sensaciones. Imagina que el árbol se dijera "no quiero que me llueva la lluvia encima". Tendríamos un árbol quejoso a punto de depresión...

Eres pura naturaleza que se transforma en ti. Pura. Pero lo edulcoras creyendo que eres más o menos que eso. La naturaleza te parece pobre, insignificante, menuda… Menosprecias medirte con un árbol, o con el viento... La depresión es el viento. La ansiedad, la lluvia y la agresividad, la tormenta. Entiéndete como lo que eres, parte de lo evolutivo que se expresa en ti, a trozos, sin palabras, abrasándote la lengua, el sentido y desestabilizando lo que luchas porque permanezca en pie a toda costa.

Los elementos han venido a verte porque la transformación te sucede al estar vivo. No sabes el siguiente paso, ¡qué misterio! No sabes lo que te espera tras el camino, tras la cumbre, y te niegas a caminar. Así crees que, envolviéndote en tu impermeable de cosmética y farmacéutica, llegarás a donde quieres. El impermeable te protege pero no evita que las gotas sigan cayendo. Y, como no caen en tu piel sino en el atuendo que has buscado para aislarte del agua, el agua se acumula en tus pies, en tu cuello, te hace perder la voz y, con sonidos roncos, vas al médico implorando una receta, para que te quite lo que nadie puede hacer por ti, pero crees que lo hace.

Inconsciente a ti, caes en un olvido de ti mismo, desoyendo tu esencia: tus venas con sangre que necesitan el agua para correr y salpicar de vida tus decisiones y tus momentos. Si extirpas tu depresión, extirpas de tu conciencia la savia que te alimenta por dentro. Tus humores, sensaciones, lo que sientes y corre en tu estar en el mundo son tus vehículos, tu transporte. Los necesitas para desplazarte en el cauce de la vida.

Vida sin agua es noche sin oscuridad.

Las sensaciones que llamas *desagradables* te han venido a ver para conectarte contigo. No te sobran tu depresión, tu ansiedad. No te sobra el viento ni la lluvia. Sin ellos, tu árbol no crece. No creces si no te dejas blandir por el roce de lo que no te gusta. A lo que llamas *que no te gusta* en realidad no es que no te guste, es que no sabes que te pertenece, te constituye y te lee por dentro. Pero, al no reconocerlo, te asustas. Te has creído que vivir es sentir siempre lo mismo, permanecer en un estado alargado de la misma situación, tener las mismas impresiones siempre. De hecho, tu cultura llama madurez y estabilidad a permanecer y asegurar lo que ya tienes, sientes y piensas. Cambiar de forma de pensar se vive como un síntoma de involución, enfermedad o demencia... cuando estos son los regalos del movimiento de la vida.

En tu corazón hay líneas escritas que se descifran cuando caminas, cuando asumes que sentir es el modo de trasladarse de un estado a otro, de una sensación a otra. Las sensaciones no son sino fieles consejeras de tu alma. El alma no usa palabras para anunciarse, sino el tacto de tus entrañas, para comunicarse contigo. Roza las vísceras, el estómago, el pecho. En realidad, es una caricia que de repente sientes pero, acostumbrado a no sentir y creer que no sentir es lo correcto, confundes caricia con zarpazo y, sin sensibilidad, llamas duro a lo que es blando, oscuro a lo que te trae claridad, y desagradable a lo que te balancea y libra de lo que te sobra.

## No hay nada que mejorar

La inquietud es sólo una idea, una preocupación transitoria. No es nada, si no le haces caso. El mundo que hay ahí fuera, te lo has inventado. Que otros tienen, mejor, más grande, más ancho, mejor pagado, mas viajado que tú... es sólo una idea. La idea no tiene cuerpo, es insignificante pero grandiosa en influencia. Nada puede hacer ella si no la dejas que exista, sin que tome forma y se expanda dentro de ti. Es como un lobo que asusta pero no ataca, no muerde, no mata sino que respira jadeante para demostrar su poder. El poder que tú le das. Las ideas están quietas en tu cabeza, son inofensivas, no se convierten en actos si no les das vida.

Nadie hay viviendo tu idea sino tú, puede que de manera angustiosa; puede que en modo satisfactorio. Es en tu escenario imaginario, donde decides poner personajes que amplifican lo que te falta y disimulan lo que te sobra. Porque no hay actores reales que la interpreten. Tú te interpretas pensando que hay gente que está mejor o peor que tú, que algo hacen mejor que tú o que sufren más que tú. Honestamente, si no vives dentro de quienes imaginas sentir lo que sienten... ¿cómo lo puedes llegar a saber? Sólo vive en tu cabeza, en el teatro imaginario que te montas para compararte con lo que otros hacen, con las ideas que otros tienen.

¿Por qué la vida de otros es más apasionante, triste, maravillosa, aventurera, pacífica o atractiva que la tuya? ¿Qué hace de la tuya algo detestable o placentero? Solo una idea, otra. Otra que desmonta y se monta, sube sobre la anterior. ¿Cómo sabes que las personas que sufren, según tú, lo pasan peor que tú? ¿Cómo? ¿Cómo sabes que, quien hace el amor plenamente, se siente mejor que tú?

Un día una persona viene y te dice que vive su vida plenamente. Entonces, a tu mente llega esta idea: "eso que esta persona dice es mejor que lo que yo vivo". ¿Cómo mides lo que es pleno para ella, más allá de las palabras que emite? Contrastándolo contigo, con las ideas internas que tienes sobre ti mismo.

La siguiente inquisición ilusoria de tu mente, que sobreviene a lo anterior, puede ser esta: ¿te mueres de ganas de sentir plenitud?... ¿Cómo mides plenitudes? ¿Cómo sabes que el otro siente lo que, en tu cabeza, es plenitud? El envidiado, el admirado por ti, no está aquí. Sólo presupones, en una imagen mental, lo que crees que podrá sentir si tú sintieras lo mismo. Sentir lo mismo es imposible… Son dos mundos, dos sensaciones que pueden ser una al fundirse. Pero la fundición es en ti, siempre contigo. ¿Cómo sabes que hay más y mejor en otros, ahí afuera, fuera de ti, cuando tú estás dentro de ti, encerrado, escondido, atascado, impávido y congelado porque te tiemblan las piernas cuando escuchas que se puede mejorar la vida y que se puede ser mejor persona?

¿Quién te contó que la vida se mejora?

La vida ya es mejor, es esta.

Ya es peor, es esta.

Ya es estupenda, es esta.

Ya es temible, apasionante o desconcertante. Es esta.

La vida es esta, ahora. Lo otro es sólo un calificativo, una palabra que se convirtió en sensación y la comparaste con las sensaciones de otros creyendo que los otros sienten más que tú.

¿Cómo puedes decir que todo esto te desconcierta? Sencillamente porque en ti hay una idea, ANTES (no ahora), de lo que ha de ser la vida. ¿Cómo se te ocurre opinar sobre lo que tiene que ser la vida? ¿Cómo puede caberte en la cabeza que la vida sea de una manera diferente a la que es? No existe aquello de lo que dices que puede mejorarse. No existe en futuro. ¿Qué es el futuro? Una idea alargada de tu necesidad de que las cosas sean como quieres. ¡Qué negativa a sentir que te la juegas en este momento!, que cada momento es este momento y que, por muchos momentos percibidos, el momento sigue siendo este. Existe ya sin mejora. En este presente. Construyes sólo ahora. En tu sitio, en tu desasosiego, en tu duda, pena, alegría o queja. Lo que dices que mejorará, sólo puede hacerlo ahora, en tu pulso de ahora mismo. *Ahora* contiene lo que llamas *después* y lo que percibes que *fue ayer*… en ese círculo ancho y blanco en el que cabe todo, incluso la idea que tienes de ti.

Tú no quieres estar en ningún círculo. Sé que no te cabe en la cabeza. Lo sé. Te has inyectado la idea de progreso, de ascenso, de evolución. Claro que existe evolución, pero en otro sentido, en un sentido sutil, interior. Y ello no quita que mejores, avances, circules, subas o bajes. Pero el camino no tiene por qué ser ascendente. El descenso y el ascenso son también dos conceptos, dos formas, una en aparente positivo y otra en aparente negativo. Dos formas de opinar y abordar lo que está sucediendo dentro de ti. Más allá de los conceptos de empatía, de sentir por el otro, ¿qué es lo que, en realidad, sabes del otro si no es a través de ti?, de tu cuerpo, de tu sangre, tus dolores de estómago, tu placer al respirar y tu orgasmo al besar la boca de quien amas. Sencillamente el otro está en ti. No existe el otro sino a través de tu abrazo, tu acogida, de tu entrega y tu aliento.

Comprende que nadie ha diseñado el medidor de sensaciones para concluir que unos se lo pasan mejor que otros. No sabes que hay una ilusión en esta manera de ver las cosas. Que nadie ha vivido dentro de ti para saberlo. Cuando el otro te toca, tú sientes el placer de su tacto, pero no es él quien siente por ti, sino tú el que haces tuyas esas sensaciones.

Sólo sintiéndote entero das cabida a un sentimiento más ancho, más profundo, más real de qué es el otro. No hay nada aparte de tu imaginación, de lo que inventas que otros sienten cuando tú sientes infierno; de la belleza que otros viven cuando tú te sientes feo y maltrecho. *Imaginar* es lo que sucede si das crédito a lo de afuera, descuidando tu adentro.


### Demasiada memoria...

El presente no está en el centro del pasado y el futuro. No es ni siquiera un punto blanco, ancho. No le acontece nada y no le prosigue nada.

Es completo en sí. No necesita que se alargue ni acorte. Es.

Cuando hablas de alguien cercano, de alguien que dices que ya conoces: "le veo como si fuera la primera vez que le veo", entonces rozas algo real dentro de ti. La mente, entonces, tiende a ridiculizar esta sensación. Dice por dentro: "vaya tontería... si ya le conozco, si ya me conozco. No me puede sorprender ya".

Presente es, realmente, no ver al otro sino por primera vez. Sin conocimiento previo. Lo previo es la seguridad calenturienta de repetir la visión de las cosas. Y el presente no es nada de eso. Es realmente sentir que, a quien miras hoy, le miras realmente hoy. Ahora. ¿Qué importa que tu pareja te dijera, comportara, tocara o ignorara como lo hizo? ¿Y qué más da que lo haga o lo deje de hacer más adelante?

Ahora él o ella, eructa, o sonríe...

Qué bien. Lo percibes así y lo disfrutas por primera vez, sin memoria.

La memoria es el reino de lo sabido, venerado, ocultado, alabado, reverenciado como joyero del conocimiento. La seguridad primera es conocer. Con memoria, no te enteras de lo que te está pasando ahora, inviertes tantos segundos en verificar primero que el otro es quien esperas que sea, que se te pasa el tiempo, y no te has dado cuenta de quien verdaderamente tienes delante y cómo lo sientes. A lo mejor sabes lo que va a decir. Pero si estás aquí y no allí, puede sorprenderte la manera en cómo lo dice. ¿Te has fijado que la manera en que se dicen las cosas varía porque contiene lo que se dice? En definitiva, lo que se dice puede que encaje con lo que esperabas. Pero cómo se dice, la manera de decir las cosas, siempre es diferente. Es nueva.

Puedes mirar a tu pareja ahora y preguntarle lo que está haciendo ahora, por el móvil, en tu casa, en la calle o en el medio de transporte... Pero ábrete al *cómo lo dice*. Siente de dónde procede lo que dice. Cómo está su alma esta tarde, qué quiere expresar, qué quiere hacer, qué no dice, pero se insinúa en cómo lo dice.

Abrazar al otro es saber que te hallas ante alguien diferente a ti; su corazón y su mente parecen iguales pero, en su manera de ver, en su mente, hay habitaciones diferentes a las tuyas... pasillos y recovecos que tú ni siquiera contemplas y, queriendo relacionarte *empáticamente*, lo que haces es suponer que el otro es como tú. Y te centras en tus habitaciones, tus estructuras, tus cuartos oscuros, sin reparar que la arquitectura de quien tienes delante es dulcemente silenciosa para ti.

Detente. Deléitate de la complicidad de conocer al otro cada segundo, guardando espacio para la sorpresa de sus regalos. Al relacionarte, viene la aventura de introducirte en el mundo de alguien que está ahí. ¡Qué nervios! Inundarte de lo desconocido que se acerca a *tu conocido* para poner patas arriba –si te dejas– tu rígida visión de las cosas. Y te parece mentira que eso puedas hacerlo con tu actual pareja, tus actuales amigos o tus padres. Es cuestión de estar receptivo y no suponer que el otro actuará como tú quieres. Cuando dejas que el otro sea lo que es, te puede gustar o no, pero navegas en una zona de incertidumbre en la que nada está previsto, pero todo es posible.

Has cercenado la capacidad de sorpresa, de sentir la novedad, de apertura a lo que hay.

Te has entrenado en que, lo desconocido, es signo de desconfianza, peligroso… cuando lo inesperado es el juego hermoso de la vida, su regla y su motor. Qué ciego estás a la belleza, a la luz de las cosas, al olor profundo de lo que representa estar vivo. El otro es un museo con salas enormes llenas de cuadros, pendientes de ser visitados por ti. Pero tú no compras la entrada porque dices que ya lo has visto infinidad de veces. Tu idea de que *ya lo has visto* te aleja de la novedad, te has inmunizado contra lo incierto. Y la única alternativa que te deja tu mente es la repetición. Te relacionas con quien dices que ya conoces de manera repetida. ¿Qué es repetir? Volver a hacer y sentir lo mismo… Ya sabes que el placer es una manera de volver a sentir lo que ya sentiste. Este es el medio más cotidiano de relacionarte: obtener lo que quieres que sabes que te gusta y te lleva a las sensaciones que conoces.

Cuando dices conocer, matas.

¿Cómo podrías ver al otro –que dices que conoces– como nuevo? Los deseos se esconden en el tono, en el grito, en la velocidad de las palabras... Se dicen cosas sin decirlas. Y tú sólo estás, sin darte cuenta, fijándote en el hilo argumental de las palabras, enredándote en la expectativa de escuchar lo que quieres escuchar para sentirte a salvo y pensar: "es el mismo de siempre, no me lo han cambiado". Cuando el otro no cambia, entonces dices: "le conozco". Y ahí te aburres, y matas lo nuevo, lo que hay en este momento de diferente, al estar cerca de quien estás.

Cada tarde cometes miles de homicidios esperando que el otro repita lo que siempre repite. Para quedarte tranquilo. Pero también (date cuenta) para odiarlo en silencio, para evitarlo, liquidarlo por cometer ese mismo error, el error de ser el mismo de siempre… En el fondo, esperas que va a hacer eso mismo que le has dicho que te molesta, que no haga, que por qué lo hace siempre...

Eres homicida de lo nuevo, atrapado en la permanente expectativa. La expectativa es un guión anticipado, repetido, de la idea que tienes sobre quien está delante de ti. Al absorberte la idea, al comerte entero, no ves al otro. No le ves. Te lo has cargado sin digerirlo.

Aniquilado. No está.

Lo que ves que está es lo de siempre, y la huella de *lo que puede ser que nunca es,* no es para ti suficiente. Por lo tanto, no ves nada de lo que hay, dado que te limitas a ver el pasado, nada, una idea de cómo fue ayer, esta mañana, hace un rato. Cambia el otro y cambias tú a cada instante pero, con el cuento de la educación, del conocerse, del buen trato y tantas otras historias, ni te enteras de que el cambio es permanente.

Para ampliar tus miras, no te centres en los ojos, sino en las demás sensaciones que acompañan los hechos, los tonos, las voces, los colores, los gestos, las huellas de los pasos, el contorneo, la forma, *el alrededor* del otro que percibes delante. Es un mundo sin fin que se abre a tu atenta observación cuando permites que las cosas sean como son, como se dan ahora y se expresan a h o r a...

¡Huele al otro que está aquí! Escucha el sonido de su corazón. No hace falta que te acerques, sino intúyelo, aspíralo, absórbelo, gástalo, tócalo por dentro, muévelo dentro de tu nariz y tus manos. Cuando entrenes las sensaciones ante el otro, la forma de las cosas, entrarás en un registro nuevo de posibilidades, contigo y en relación. El otro es más que sus quejas, sus repeticiones y su cantinela. Es lo vivo que hay en cada aliento que se relaciona contigo y quiere unirse a ti.

Si eres sensible a cómo piensa y siente el otro, en ti se crean los receptores que acogen la punta estridente o la mano acariciadora de quien ahí está. No es un algo que haga el otro, es algo que sucede a través de ti. Te vuelves dúctil, te moldeas como si de una escultura se tratase, haciendo los huecos para que las palabras y las sensaciones del otro lleguen a ti. Es un espacio de sensibilidad: se siente en la garganta, las manos, se seca la boca, el estómago habla. Es como bajar en frecuencia para acoger, al tiempo que te entregas. El alma está inflamada, hay color rosáceo en tus pupilas y la penetrabilidad sucede porque hueles.

Hay receptores bioquímicos de acogida, ¿lo sabías? Y síntomas fisiológicos que lo acompañan…

# 7. Testimonios

## Torpemente me dirijo a ella

Torpemente me dirijo a ella... primero intenta decir algo mi boca, hablar. Pero ya sé que no sirve de nada. Me empeño en que siempre tenga que ser como lo ha sido. Pero ya nada es como antes. Sin palabras todo está ahí. Con ella, las palabras sobran. Sí, nos entretienen y tapan la distancia inicial de nuestros cuerpos, pero no inducen ni significan. Las palabras lo empeoran y, con ella aprendo que, no hablar es la clave, que nada importa de lo que piense. Que las sensaciones hablan de por sí y en sí, sin necesidad de lógicas e intenciones preavisadas.

–Nos vamos a la cama, si quieres –me dice.

Siempre habla así cuando quiere algo, pero no lo dice directamente, sino que se delata a través de una orden que sutilmente disimula con un... *si quieres*. Es su forma de pedir.

Yo no quiero, estoy bien en el sofá, pero hace rato que ella quiere estar sin luz y por eso dice, de esa manera, que nos vayamos a la cama... No hace falta hablar, su cuerpo y su energía hacía rato que informaban de lo que quería y deseaba. Pero yo, en mi perspectiva lógica y sórdida de razones y argumentos, esperaba que, las palabras de su boca, fuesen el testigo para que sucediera algo. Pero el *algo* sucedía sin palabras. Estaba detrás de las razones y los argumentos. Estaba en su cuerpo, en su intención sutil que yo miraba pero no entendía, hasta que su boca, por fin, me avisó.

Le gusta en la cama y con la luz apagada.

Me fui enterando conforme pasaban los minutos. Mi mente, atenta sólo a la razón, esperaba que las palabras fuesen el código de entendimiento. Pero aprendí que, lejos del entendimiento, lo que las palabras daban, era distancia. Y aprendí a sentirla. A seguirla. Sus movimientos tensos en el sofá. Le dije que si estaba excitada, pero sé que no le gustó. Mis palabras eran mi única ayuda y perspectiva en ese momento para avanzar. Luego dije… "lo siento".

Estuve a punto de perderme en la situación. Pero su deseo era estar a mi lado. Se delataba con su presencia. No hacían falta palabras aun a pesar de la tensión de mi gesto. Mi empeño lógico, el código de las palabras, no es el código del alma, de la sinrazón y del flujo.

Las cosas se dan sin pedirlas, suceden sin yo querer. O cuando ambos queremos sin pretenderlo. Sentí la magia de la *sin palabras*, del dejarse sentir y acompañar por el tiempo del otro, por su energía… Por su respiración, por el impulso de su presencia que se hacía a cada instante más presente y potente. Y esa fuerza me fue envolviendo en mutismo creativo, en capacidad de observación y en aposento de su necesidad.

Mi mente suele ser que no sabe de necesidades sino de empeños, de fuerzas y exigencias. Así me trato y la trato a ella.

La lógica es la de los ojos afuera, la del resultado, la del estar pensando en la idea preconcebida que tengo en la cabeza… cuando el placer está en la presencia, y en escuchar lo que la voz del otro me dice sin hablar.

Sentí voces sin palabras, intenciones sin argumentos, tacto sin avisos previos. Una montaña de sensaciones y fluidos emocionales que se destilaban en un encuentro mágico y precioso.

No me lo esperaba, pero lo que no espero, siempre es hermoso.

Hermoso.

- Apaga la luz, si quieres.
- Enciende la luz, si quieres.

Ver sus ojos excitados y su murmullo callado pero pleno de goce, me pareció sublime.

Sublime verla…

Sublime sentir cómo su silencio se unía a mí…

Sublime ver cómo me esperaba con paciencia.

Hermoso seguirla.

Hermoso hacerle caso.

Hermoso no hablar.

Hermoso estar.

Hermoso ser una cuerda del violonchelo en el que sonábamos los dos, en esa melodía apasionante de nuestros deseos sin palabras, encubiertos en jadeos y tacto, bocas y besos, lengua y presente.

No sé si fue el tiempo que hacía que no la veía, pero lo que nos sucedió me unió a una energía y a una comprensión de mí mismo inusitada. Tras la experiencia, me sobró todo. Todo me sobra, me parece largo… Y las palabras, no me representan.

Las intenciones se manifiestan mediante formas invisibles que me envuelven. Y es, en el envolvimiento, donde está la pasión, la creación, la fuerza de la vida. Y el regocijo íntimo de la expansión que conecta.

La conexión existe más allá de las ideas preconcebidas, los planes anticipados y las prospectivas de futuro...

La planificación es un error.

La transición, una trampa.

El presente, la realidad, un regalo de Dios...

## Carta de un artista a su terapeuta

*Sigo dándole vueltas al enfoque que me propones. Cerrar la puerta… Sé que es un problema de dependencia emocional, de apego, de falta de autonomía. Soy consciente de mis monstruos y creo que es ahí, en la consciencia, donde florece la verdad y es posible la transformación. Cerrar es una reacción de la mente y me resisto a ella, como se resiste la mente a escuchar a mi corazón.*

*Soy un artista y no veo el mundo más que a través de la poesía del amor. No es romanticismo, es realidad poética, que es distinto. Mis palabras no son ni de cerca lo que vivo y siento. Yo vivo de mi corazón y del desbordamiento de mis sentidos. Y es ahí donde yo aprendo, apartándome de la mente para intentar oír mi corazón. Por supuesto que estoy anclado a creencias irracionales y estas me vienen de la niñez, del cole, de la mala educación que recibimos, de la monstruosidad de la publicidad, de los arquetipos del cine y del mundo de las apariencias y del ego.*

*Si cierro la puerta, mi corazón se esconde. El corazón no tiene finales previstos y su camino es la incertidumbre. Creo que se trata de dejarlo estar, de dejarle sentir y que se transforme en lo que quiera para expandirse. El corazón no entiende de puertas. La mente pide un desenlace rápido para no sufrir...*

*¿Es que voy a dejar de amarla por cerrar la puerta? No. El desbordamiento está, me inquieta, se va, vuelve y así todo el día.*

*¿Voy a dejar de desearla si cierro la puerta? No. Si siento lo que siento es porque lo siento y no porque decrete que voy a dejar de sentirlo, desaparecerá...*

*Me propones que cierre la puerta y que mi mente se sosegará. Es sólo un intento mental... como si fuera un alivio el hecho de olvidar, de cerrar. Y siento que me impones el lema de rehacer mi vida. Mi vida es esta y no otra. Apartarme del sufrimiento como si fuera malo es negarme a aprender, a descifrar el mensaje de la propia vida... Puede que yo sea lento y tonto y ella lista y egoísta pero ESTA es la realidad que atravieso.*

*Me propones resolver cortando, cerrando, aniquilando... El cambio, si se produce, se hará dentro de mí y evitando esto, aislándome, me evito a mí mismo. Evitar es lo que propone la mente ante la angustia. Pero yo creo que todo esto hay que dejarlo actuar, de forma consciente, sabiendo que está, abrazándolo y dejando que me atraviese.*

*Hacer juicios sobre si es malo o no lo que me pasa es ir en contra del amor verdadero.*

*Amar es dejar que la realidad se haga presente.*

*Amar de verdad es dejar que ella ame a otro.*

*Amar es no opinar.*

*Amar es silencio y distancia sutil.*

*Poco a poco, no sé cómo, abriendo mi corazón, no sé cómo, seré capaz de dejar de dar poder a las cosas y a las personas para que me hagan daño. Mi protección está en el silencio, no hablar, porque la palabra separa, en mi caso no me representa.*

*Estoy aprendiendo, que lejos de entender, lo que las palabras hacen es crear distancia y estoy aprendiendo a sentir la distancia con ella y la cercanía conmigo.*

*Si alguna vez me llama, viene y me abraza… ¿qué hago yo despreciándola si aún la quiero? Siento que el cambio se producirá cuando se produzca y entonces no será un problema, será otro momento donde nada importe…*

*Pienso todo esto y me resisto, pienso demasiado… El dolor es duro de soportar pero dentro hay un mensaje que descifro. Es sentir a cada paso… Y ello me hace cada día más consciente, es lo que me sucede… y no pierdo la oportunidad de acercarme a mi verdad.*

(Agradezco a D.B. dejarme insertar esta carta como testimonio de su apertura de corazón).

# 8. Lo que te sostiene

## La congruencia no es la ausencia de contradicción

La mente busca que te digas y no que te desdigas. Cuando habla de ti, se hace una idea de lo que eres. Y esa idea la eleva a imagen, y vas y crees que eres lo que dices. Pero, a veces, haces cosas que desdicen lo que has dicho. Crees que eres amable y, en un instante, pierdes la paciencia: en ese momento, otros sienten que perdiste la amabilidad, que dices una cosa pero haces otra. Y te lees en ellos dejando de sentirte a ti. Entonces te toca rendir cuentas ante la imagen que has creado y que procuras mantener a toda costa. Te enredas en la contradicción, descuidando que la vida se contradice a cada instante: construyes un puente y el puente se destruye; tienes el firme propósito de hablar y, en un segundo, te callas... Y te acusas: ¿qué he dejado de hacer? ¿Qué me pasa que no respondo, no hablo y no puedo ni siquiera mantener lo que creo?

Si necesitas mantener lo que crees, te sobra lo que crees. Por eso lo mantienes. Lo que eres esencialmente tú, no necesita de un servicio de mantenimiento, ni de una idea de ti mismo, ni de ser fiel a la idea que tienes de ti. La mente te dice que te contradices, y tú caes en la trampa mortal de hacerle caso y buscas la coherencia, que no es sino rendir cuentas ante los cuentos que crees de ti. Si asumes la contradicción, te unes al ritmo vertiginoso de lo que hay dentro de ti. Todas las voces, no sólo una. No has de responder por tu nombre. Tu nombre te lo asignaron. Te vino impuesto desde afuera, y ahora, respondes como un resorte automático cuando escuchas que ese nombre se refiere a ti.

La próxima vez que te nombren, hazte el loco, evade el nombre, deja que sea otro quien ocupe ese halo que provoca el eco de tu nombre. No rellenes el vacío que prosigue a las palabras con las que te identificas. No saltes. Responder por tu nombre es darle la razón a la idea que tienes de ti. Cuando aprendas a navegar, sentirás que tu nombre es sólo una forma a la que te comprometes cuando no quieres, que adquiere un compromiso contigo para seguir manteniendo lo que habla de ti, sin tú serlo. Tu nombre te controla y has aprendido a responder a la expectativa de lo que representa. Pero tú no eres lo representado, sino lo que sientes en ausencia del ruido de los sonidos que te proclaman. El nombre es el intercambio, el pacto silencioso que has hecho para ser visto y reconocido en este mundo en el que parece que, sin nombre, no eres nada. Y justo lo eres todo cuando callas y te sientes en tu piel, dándote cuenta de que las sensaciones adentro no son sólo una, sino muchas a la vez; que cuando vives, tienes maneras de actuar que están quietas pero disponibles para ti.

Cuando aprendas a dar voz a las huellas, ahora inertes, que viven en ti, te sorprenderá cómo se mueve aquello a lo que llamas personalidad, que lo mismo puedes ordenar como ser ordenado, que dentro de ti conviven personajes que no están actualizados, sino metidos en cajas, pendientes de aprender a caminar y pasear contigo. Eres todas las voces que hay en ti, vives en la dualidad de lo que crees que eres y lo que tienes que interpretar para que se te reconozca. Cuando lo eres todo… Nadie ha de reconocerte sino lo que vive en ti. Y volverte a ver como siempre… es alejarte de lo nuevo que vive en ti.

No cumplas la expectativa de lo que se espera de ti. Rompe la cadena de la imagen que alimenta el cuerpo descosido de los rostros de trapo, descuidando el adentro por falta de costumbre, porque se quedaron parados cuando un día, quisiste darles vida. Pero se asustaron ante la congruencia que reclama el guardián de la puerta. En el fondo de tus movimientos, la mente te escolta, esperando de ti que te pronuncies de acuerdo al patrón que de ti conocemos, que vuelvas a mostrarte en la fama que te dan tus rasgos de personalidad, las estrechas cuerdas que te mueven en el escenario. Y tú, fiel al guión, te repites hasta la saciedad, harto de ti mismo, y sintiendo cómo enmudecen las voces que quieren salir a escena pero tú no las muestras.

Crees que son otros quienes han de interpretar esos papeles que has olvidado de ti. Y delegas tus personajes en quienes después envidias o admiras. Porque huyes de la esquizofrenia sin asumir que lo eres, que eres todas las voces, pero sólo te identificas con las que te llevan a la idea que tienes de ti.

Sobra tu idea de ti, no la fuerza rotunda de tus voces adentro.


## No eres una ecuación

La parte de ti que cree que eres lo que no eres, te ve como una ecuación en la que, despejando la "x" resuelves el problema. Tienes la idea de que te puedes solucionar, de que eres un problema pendiente de resultado, con una fórmula que cuadra con un sentir y un estilo de pensamiento. Te has tratado como un número que se suma y se resta; y sigues creyendo que te puedes multiplicar y dividir por cinco, hacerte de la manera que quieres y construirte como pensaste para ti.

Eres mucho más que una fórmula matemática. Eres el enigma perfecto, el secreto, el fondo del pozo donde te pierdes y te intuyes a ti mismo. Crees que sigues a alguien mientras caminas por pasillos enrevesados y de color verde. Te encantan los laberintos que prometen una sorpresa. Crees que juegas a encontrar algo que te han contado que existe fuera de ti y que te soluciona, te enriquece, te eleva o cambia. Has idolatrado el cambio de ti mismo y lo buscas insistentemente porque no te aguantas como eres. Y crees que te puedes arreglar, resolver, encauzar, tratar de una manera diferente a como lo haces.

Si miras en el laberinto que traspasas, verás que, en realidad, más que perseguir tú a alguien, eres perseguido... Corres porque huyes de estar donde estás. Se activó en ti el mecanismo de ser diferente a lo que eres. Tienes las pilas puestas, el mecanismo se ha apoderado de ti, te incita a moverte, sin apenas darte cuenta de que ese mecanismo es sólo automático, un reflejo, una inercia que te viene de no sabes dónde, pero te sufres en tus carnes. Caminas atestiguando que vas a algún lugar, a una meta. Te encantan las metas, los resultados y los logros de los que luego hablas. Hablas de superar la crisis, el examen o la separación de quien amabas. Hablas de hacer y llegar a un lugar que te aprieta pero deseas… porque tienes sensaciones que te atrapan. Tienes tantas ideas por las que luchar, dirigirte, y has hecho nortes que ahora sigues sin pasión. Tienes tantas ideas, tantas…

Te das cuenta de que llevas mucho tiempo caminando sin saber por qué lo haces, sin atender tus sensaciones. Has creído en razones estupendas, nobles, honrosas y dignas. Te moviste porque te impulsaron a moverte, pero ese movimiento no es el tuyo propio, sino un reflejo de lo que aprendiste a hacer para escaparte de donde estabas. Compraste la prisa, el reto, los relojes y la espuma de afeitar, para que transformases tu mundo, haciéndolo a la medida que quieres. Compraste la calma como objetivo, cursos de relajación y mentes abiertas que se consiguen con disciplina y esfuerzo. Vendiste el alma, te la dosificaste en botes de cristal con adornos de oro, para degustarla. Y para inducirte a creer que el oro deslumbra (más que lo que ya vive en ti) y tener un objetivo afuera, lejos… Te distanciaste de lo esencial, creyendo que había algo que conseguir alguna vez en algún lugar aparte. Te hiciste amigo de los retos de alquitrán, las pistas de cemento y las buenas costumbres. Creíste que no eres nada si no te cambias, si no usas tu voluntad para conseguir lo que quieres. Que ser lo que eres, es malo, que el crecimiento deliberado es recomendable y dignifica. Y te cortaste a ti mismo, separándote de lo que ya eres.

No existe lo que se llama *llegar a algún lugar*. Es algo que se consume, un punto de venta. De ti mismo has hecho negocio, hasta en la manera de respirar; y ahora te cuentas que puedes provocarte estados de conciencia que digieres obedientemente cuando ves la televisión. Te contaste de ti que eres algo que progresa, un proceso inacabado, algo que ha de madurar. Que tiene que haber un fin. Pero lo que madura en ti ya te pertenece, Está adherido a ti mismo, no te sobra y no te falta nada, sino que te crece cuando caminas, sin aparente sentido y sin saber por dónde andas.

Te dijiste que perderte era malo, que es peligroso seguir el consejo de desconocidos, que las malas compañías son indeseables, y creciste separando lo correcto de lo incorrecto, lo favorable de lo desfavorable, lo inadecuado de lo adecuado. Entonces surgió en ti el invento de ti mismo. Te has creído que has de ser diferente a lo que eres, que has de aspirar a ser alguien con trabajo, nombre, casa y reputación. Que las buenas personas son las que obedecen lo que otros cuentan, y compraste gurús, maestros, profesores y tests de esfuerzo, para poner a prueba tu capacidad de ti mismo. El mundo te ofrece la competición como método y el mirarte en los espejos para aprender a reconocerte. Creíste que lo que veías en el espejo eras tú y, desde entonces, sólo te has buscado en lo que no eres, una apariencia que se refleja en un cristal que apostaste a determinar que eras tú.

Y te buscaste en ti creyendo que eres incorregible, defectuoso, feo y descompensado.

Creíste en el programa de la adecuación, el desarrollo, los paréntesis y las iniciales mayúsculas al inicio de las frases. Compraste los puntos y comas, los límites, el acceso a las cosas, las puertas, las entradas, las barreras y los postes que te anuncian dónde te puedes encontrar. Te impones ser feliz y, entonces, crees que no lo eres. Te anuncias con *mejora de calidad de vida…* al tiempo que te percibes carente de recursos, escaso, estrecho, menoscabado… Cuando lees los anuncios que pretenden hablar de ti mismo, te separas de tu esencia, le das crédito a lo que otros ansían y devoras comparación con el objetivo de regularte. Te ves desequilibrado y ansías equilibrio; te ves depresivo y ansías optimismo; te ves cansado y ansías unas nuevas piernas para soportarte en el camino. Te ves. Este es el tema. Sólo te ves. Pero no te sientes. No te abrazas en donde caes y tiemblas. No quieres temblar porque lo asociaste a debilidad, a poca cosa, a pequeño. Y relegaste lo pequeño a inoportuno, a fracaso. Las ideas se crearon en ti, se asociaron como sedimentos, gota a gota. Derramándose en tu materia gris e inundando cada idea y cada creencia que mantienes al abrir los ojos. Y no te cuestionas que tus ojos están nublados por la espesa niebla de los conceptos. Te lees en ellos y aprendiste que, reconocerte así, da seguridad. Temes la inseguridad porque la notas en tus pies, cuando la alfombra se quita al apoyarlos. Y crees que pisar el suelo firme no es lo adecuado. Estás tan poco acostumbrado a sentir el frío del suelo, que lo ignoras como improcedente. Pero el frío también procede, te congela y te cuenta que no puedes evitarlo sino acogerlo.

La seguridad que deseas bajo los pies te viene de la mano del roce del frío en tu piel. Y, cuando no lo acoges, te resfrías, estornudas y deseas expulsarlo. Si. Te resfrías... cuando no acoges el frío, no por respirarlo.

El desarrollo personal te anuncia cómo puedes llegar a ser diferente a lo que eres. Siempre te plantea que necesitas más, que das más de ti, que anhelas más, que eres conformista cuando permaneces contemplando lo que hay ante tus ojos. Y que has de luchar por cambiarte, por conseguirte un mejor lugar en la vida, por trasladarte. Anhelas el cambio como actitud, como vela y referente de las cosas que no te gustan de ti, y te disimulaste bajo el maquillaje, las joyas y la apariencia impecable. Eres presa de los discos rayados, las repeticiones, los sistemas de funcionamiento, las alarmas que avisan de los tiempos que se acaban y de la misericordia de quienes crees que tienen más que tú. La misericordia... En tu mente anida la competición, la rivalidad, las pautas de comportamiento, los ideales de una mejor vida, las ventajas añadidas, las garantías y las rebajas. Asumes lo que no quieres cuanto te lo rebajan y ello lo aplicas a ti, a tu tratamiento de ti mismo. Aprendes a rebajarte al mejor precio, ante otros, y a correr contigo una carrera que te agota... pero no puedes parar. Tu cabeza persigue el ideal perfecto del fantasma que creaste representándote en algún lugar fuera de ti. Pero el corazón está abatido, cansado, constreñido ante la inercia de tus piernas, que siguen corriendo sin sentido, sin fuerza, a duras penas activadas por la inconsistencia de la marcha forzada que repites sin tregua.

Vendiste tu alma, sí. En series. Para dedicar el tiempo a comerte y arrasarte. Y te gastas creyendo que eres pan, vino, o un mueble... Desconoces de dónde viene el trato que te tienes, crees que viene de algún sitio y apuestas por encontrarlo. ¿Y si el trato que te tienes no viene de ningún lugar? ¿No proviene de ninguna parte que puedas ver? A la que crees en proveniencias, inventas el tiempo a tu antojo. Crees que lo que ahora te pasa, te pasa por algo, proviene de algún lugar, de alguien que te ha hecho o ha dejado de hacer... que ha de tener un agente que justifique tu estado. Con ello, estableces el futuro como salvaguarda de que no te pase lo que te pasó. El tiempo es el invento de la mente cuando huyes de ti, cuando te desplazas, cuando te detestas y decides (con aparente fundamento) alejarte a otro lugar, más agradable, más complaciente, más cómodo, más luminoso. Te inventas el pasado para irte de *ahora*, creyendo que no te pertenece lo que ahora te sucede. Y te refugias en el futuro como alivio de lo que ahora no tienes. O sea, no te aguantas. No te aguardas, no te sostienes.

Lo que te sucede, te es. Te pertenece. Te lee, te escudriña y te cuenta *esto*. Que esto es lo que está pasando, que así es tu experiencia, que no hay nada que cambiar sino abrazar. Y abrazando... te transformas sin darte cuenta, sin voluntad. Fíjate en el abrazo, es un gesto de acogida, de estar en este momento en el que estás. De introducirte en ti, de agregarte a lo que suena en tu corazón. El abrazo no es un movimiento que desplace sino que integra. Te enraíza y da la bienvenida a lo que te rodea.

Lo que te rodea está en ti. No es tu mirada ningún error, no es tu sensación ninguna pena, no es tu ignorancia ningún defecto. La sonrisa te sucede cuando te encajas en ti, y tus dientes reflejan la consistencia de asumir los rugidos del estómago y tu proceso lento de tragar saliva.

Inhala el fresco de la tarde y sostente en tu sensación de balancearte en lo que te sucede.

No hay fin porque no hay principio. No empiezas ni acabas en ninguna parte. Crees que vas a algún lugar, pero sólo es una sensación. Es el tiempo que funciona en ti, a modo de aviso repetitivo de lo que aún crees que te falta. El fin de las cosas se ha convertido en un bien de consumo. También consumes finales, resoluciones, conclusiones. Pero tu esencia es lo inacabado, el proceso permanente, la corriente de aire que se corta, aparentemente ante tu ventana, porque la cierras... Las ganas de un final te corroen por dentro, te hacen pobre y derrochador. ¡No creas en los finales! Ellos condicionan tu estar en donde estás. Si crees que tienes una solución, que has de arreglarte, que has de acabar de una determinada manera, acabas de pactar en silencio con tu aversión a tu esencia, a *esto que sucede*. Y te comportas como el invitado indigno, que muestra su desnudez con vergüenza y desasosiego.

Cuando te anticipas al futuro, despareces como hombre, como mujer, como estrella en el firmamento. Las estrellas están sostenidas en el espacio y tú te sostienes en el aliento, en los pasos que suceden en tu marcha cuando no vas a ninguna parte, sino que te aúnas con la corriente de lo que te pasa cuando quieres liberarte de ti. Le das demasiada vida al porvenir, a lo que tiene que suceder (que siempre es un rechazo a lo que hubo o hay). Si crees en el futuro, ansiarás cambios a mejor. El pensamiento hacia delante es una tendencia a corregir de dónde vienes, como *si de dónde vienes* fuese malo, capcioso, deleznable. Quieres hacer cierto lo incierto, y lo único que sabes es que no hay nada ahora que sea diferente a lo que ya hay. Es que lo sabes. Pero tu mente, autosuficiente, quiere anticiparse, saber más de la cuenta, creyendo que puede con ello y, con la prospectiva, inventa las formas, las imágenes desvirtuadas de ti mismo. Y te proteges de ti, poniéndote a salvo de lo peligroso que te sientes.

Sientes peligro de los riesgos que te acontecen cuando abres la boca, y de lo incorregible que te juzgas cuando no se está de acuerdo contigo. Aprendiste que, tener razón, es importante, sólo porque más de uno lo piensa. Y le diste crédito a la estadística, a las mayorías, a los procesos sociales y a las muchedumbres. Valoras las cosas por lo numerosas que son, por las cantidades que representan y los beneficios que reportan. Y con ello, descuidaste lo singular, lo genuino de respirar, de abrir los ojos, de parpadear, de poner las manos sobre tu pecho, de acariciarte por la mañana al despertar, de oler las sábanas cuando te duermes, de dar vueltas cuando te gusta lo que ves, de saltar cuando el corazón no cabe dentro de ti.

Te volviste inquisidor y censura... cuando delante de ti transcurre lo hermoso: que te despliegas sin remedio haciendo lo que haces a pesar de *hacer daño* o vivir el éxito.

La mente oscila entre la aversión y el placer. Y en este puente te alzas controlador, previsor, con cautela, creyendo sopesar los pros y los contras de las medidas que emprendes. Y te sugestionas sobre las consecuencias de tus actos, sobre la vanidad y la relevancia, sobre lo oportuno de cada situación. Elaboras un código moral por encima de los hechos, creyendo que así estás fuera de sentir y padecer, cuando, en el fondo, no eres sino presa de tus planes y del miedo que te provocan tus recovecos sin respuesta. Te asustan los huecos sin fondo, los agujeros sin techo, los atascos y las detenciones de las cosas... porque en tu programa interior la mente huye de la profundidad, del dejarse estar. Luchas, con todas tus fuerzas, por controlar lo que te sucede. E hipnotizado por el sonido agudo de tu mente, sucumbes al embelesamiento del tiempo, creyendo que debes rellenar los pozos, las grietas y los resquicios de las paredes.

Apestan tus entrañas tapadas de cal, secuestradas a cualquier precio, no porque estés enfermo, sino porque las entrañas necesitan el aire; son como niños que quieren jugar y se aburren en las mesas, obligados a repetir la lección hasta que se graba en la memoria.

La memoria de lo que te disipa de ti. La mente es el péndulo que hace *tictac* para crearte una intención. Eres muy intencionado, ya lo sabes... A veces la intención es buena, a veces mala, y en ese blanco-negro del reloj, relampaguea la sutil cinta roja del olvido. Ya no sabes ni lo que sientes, atrapado en los signos de la bondad y la maldad, el placer y el dolor, creyendo que hay cosas buenas y malas, *deseos* deseables e indeseables, discos que han de regrabarse.

Huele a goma de borrar, como en los colegios…

Los alumnos aprenden a remendar lo que han hecho, a corregir, a hacer bien lo que les dicen que han hecho mal. Y, tras el sistema de recompensas y castigos, los niños asumen que los errores son el enemigo, que la guerra es contra ellos mismos, que lo que brota en ellos ha de analizarse, filtrarse, mostrarse al tribunal de menores para ser sopesado. Así crecen las raíces del resentimiento y se alejan los deseos del corazón; así se crea la frustración, para alargar el eterno proceso de perseguir lo que les pertenece, por naturaleza y esencia: en las escuelas se borran los errores y, con ello, se rompe la unión con lo que eres.

Los deseos son eso, deseos, ni indeseables ni deseables. Sólo deseos. Atribuirles bondad o maldad, apego o evitación, es condenarte a perseguirlos. Este es el sistema de educación: alejarte del deseo para que te pases la vida detrás de ellos. Eres tan buen alumno... Tan bueno... Siempre lo buscaste (o lo rechazaste). Pero, sin darte cuenta, le diste importancia a sentarte en una silla, reposar tus codos en una mesa y pasar páginas de libros aburridos que te decían lo que es la realidad, una realidad que nunca llegabas a sentir. En los libros se cuentan historias de las cosas que suceden. Pero, a lo mejor, nunca te sucedieron.

Tú las aprendes como obediente pupilo del mundo, confundiéndote en tu piel, haciéndote devoto del dogma. Entendiendo que hay tipos de saberes, excelsos y proscritos, y repitiendo la eterna canción de los deberes por hacer y las noches sin dormir, buscándote en los recreos para hacer lo que quieres, y relegándote al tiempo de descanso, que luego se convierte en perfecto aburrimiento. Así, detestas el domingo por la tarde… porque el lunes te desmorona por dentro.

El alma no necesita espacios de descanso, ni patios, ni períodos de reflexión, sino vibrar con la sintonía de sus atardeceres y el ritmo de su transcurrir, sostenido en el aire, sin previsión. Su código es la sorpresa, el sobrecogimiento, el escalofrío inoportuno y el bostezo a destiempo. Te asalta cuando no quieres y te vincula cuando a ello te resistes. El alma siente por ti lo que tú no te otorgas. Y mientras creas que el tiempo existe, te seguirá acariciando con la brisa matutina, la lluvia en los zapatos y las noticias que no te apetecen… hasta que irrumpa en ti la tormenta del desconcierto.

No eres una ecuación, eres la incertidumbre que, tras la sensación de tiempo perdido, te acoge y te adormece...

## Silencio

Estás harto de hablar, de que tus palabras contradigan lo que quieres, de que el eco te devuelva siempre la misma imagen, la misma voz que te recuerda que te agarras, con desesperación, a lo que ya te sabes de memoria… que casi podrías publicarlo en la editorial de tus sueños. El rebote es infernal, cansino, antiguo, es un rebote viejo, que te hiere las entrañas, destrozadas de agotarse, frotándose donde siempre, sin conocer de verdad a nadie, de esperar a que las cosas te sucedan, de enamorarte del aliento que tienes cerca, en el oído. No sabes caminar en la lluvia, ni rasgar el temperamento, ni perderte en la montaña, sólo te gusta ir acompañado... Amasas el pan con desgana, como rehaciendo lo que ya te harta y te empuja, pero no lo suficiente como para que te caigas y te destrices.

Te faltó el tiempo para dedicarte a la locura y, ahora que lo sabes, te vuelves inválido. Pero ni la sillas más preciosas con ruedas te aguantan, y estás a punto de echarte a caminar, a ciegas, desasosegado, tal vez consciente de que ya nada sirve para mucho, de que remendar es un oficio con lastre, de que las anclas son piezas que petrifican las aventuras… Mientras, y ajeno a tu atención, te dibujas en la vid de lo que te acompaña desde siempre. Pero lo evitas, porque te espanta el aliento triste de que eso no sea lo obvio que tu imagen busca para ti.

No conoces nada, ni a nadie, porque no te has dado la oportunidad de existir, sino que te has condenado a huir del tiempo porque no lo usas. Lo desfiguras, tardío, amargo, y se destilan de tus labios las ganas de deshacerte, despacio, cuando la prisa se impone porque corres el riesgo de no reconocerte. A estas alturas asistes a tu desmoronamiento, pero todavía lo aguantas con frenética ansia, desbocado por conseguirte una vez más.

Piensas que es tarde y te lo crees.

Lo sabes pero lo evitas.

Cuando te apercibes de lo tarde que es, no lo consideras. A lo mejor lo puedes recuperar, pero tu solemne abrazo a lo oficial, al blanco que ya te sabes, tiembla, angustiado, ante la inmensidad de lo que te acontece. Es tarde, pero no lo suficiente, para subirte a la cresta del mundo y cabalgar airoso, pregonando a los cuatro vientos que vives, sudas, tocas la tierra con las manos y, a dentelladas, escudriñas el alma de las cosas… tanto tiempo gritando pero aplastadas. Se volvieron planas pero no demasiado porque las cuatro dimensiones te anidan irremediablemente.

Tú ya no esperas pero el alma, sí. Te sorprende a la vuelta de la esquina, cuando tus exigencias se han dormido, entre sábanas, creyendo que tú estás con ellas; mas la esencia, con alas, ya está lejos y se reinventa a cada paso. Así, cambias de lugar, caminas distinto y aunque no te reconoces, te abrazas a destajo, bailando el bolero que tus alas imponen, que el vuelo te propicia y que tus ansias no habían pensado para ti.

Por vivir, creíste perder la vida y, ahora que sientes, asistes a un nuevo atardecer con colores suaves, raros, tanto... que tus ojos ni los ven. No importa... ¡acostúmbrate a que lo nuevo no te gusta! pero ello no significa que no te pertenezca, que no lo acojas con deseo profundo de que te penetre. Cantabas con desgana, con tono apesadumbrado, copiando a otros para impresionarte y provocando que el efecto fuese aquel al que tus oídos estaban acostumbrados. Palpitabas mecánicamente, como dentro de una lata de cobre que te devuelve la respuesta de manera inmediata, pero no te atreviste a emitir sonidos en un espacio abierto donde el eco no existe, donde la voz no retorna porque ya la imagen de ti ha desaparecido. El poema que ansías leer está escrito en tu frente y tu lengua lo paladea con antojo para hacerte sentir que estás vivo, que no necesitas reconocerte sino hacerte a cada paso, sintiendo tus pasos, a veces ensangrentados del dolor nostálgico de lo que dejas atrás.

¡Cuánto te gustaba pensar en el atrás!, sabiendo que nada es como lo era porque ya eres.

Ya eres...

Ahora piensas en quien eras y no te acuerdas de nada, de nada porque todo era una invención. Los fantasmas te hacían creer que eras un objeto estático, protegible, amante de la cama caliente y el plato de comida seguro. Te acostabas a la hora que te indicabas para repetirte que eras maduro, responsable y activo y, ahora, con la voz quebrada, te entusiasma el tropiezo, la calma con la que ves lo que sucede afuera, espejo de un adentro pausado, rotundo, sin huellas. No reconoces el nombre que te proclama porque sabes que no se trata de reconocer nada, sino de caminar despacio al ritmo que marcan tus pasos, ordenados por nadie y amigo del espacio que te contiene.

Ahora, tu respiración es suave, imperceptible, se aúna con el aire y sientes que no proviene de ningún lugar porque has vuelto al espacio al que perteneces, sin marcos ni delimitaciones, pura dimensión del alma anhelante de tus labios, tus cejas y el cerco de tus ojos. Los ojos lloran, sí, pero sin derramar pena, sino colores abruptos que, antes anquilosados, brotan felices ahora, como nacidos espontáneamente, a tu mirada de las cosas, a tu sonrisa sospechosa de que te ves en todo lo que haces. Sientes que la espuma es amiga, que las olas te navegan entero, por dentro, y te transportan a la altura de tu pecho, justo en el punto en el que te das cuenta de que ya te sabías que así era, que así sonaba la vida cuando tú no estás pendiente de ella, que ella se ocupa de ti.

La vida te cuida como madre auténtica; no te protege, te ancla; no te censura, te mece; no te condiciona, te catapulta... La maternidad es el estado de darte a luz sin condiciones, lanzándote al riesgo de ser el vuelo que eres, la lluvia que te moja y la tormenta que te anuncia. Tu madre lo intentó pero no bastó para que fueras lo que eres; es imposible que la madre de carne y hueso lo haga, porque ella está acostumbrada a poseerte y tú te has confundido queriendo devolverle a ella la vida. Pero la vida está ya dentro de ti y eso se lo puedes contar a la madre, que no la necesitas, sino que es la espesura lo que te lleva a estar aquí, a este regocijo enorme de existir sin saberte hijo de alguien.

No eres hijo de ningún padre con nombre, sino del silencio.

Vida es lo que anida en ti. Es lo mismo: la vida y lo que contienes. La vida no es algo con lo que te relacionas. Es algo que llevas puesto, te es. Ahí estuvo la confusión, en creer que era algo aparte de lo que eres.

Hablabas de la vida como si fuera algo de otra persona, de otro que se opone a ti: *mi vida, vivir mi vida*. Ya no vives la vida, es la vida la que vive en ti. Es la tierra la que te sostiene, es el agua la que te inunda y es la canción la que te amplifica cuando abres la boca para hacerte presente.

Ahora no haces nada. Todo es en ti, lo que se mueve y te lleva a ser lo que eres, esta sensación permanente de sangre, corriente y espesura en tus venas. Lava de volcán encendida circula ante tus ojos y crees ser testigo, mas eres el fuego hirviente de la onda espesa. Ya estás en ello, en los elementos, en las nalgas de la tierra, en la parte de delante de las rocas y en las raíces de los árboles. Cuando las hojas caen, la vida vuela en ti, en el soplo te dejas mecer y te haces hueco en el espacio que la recibe. Ella te espera, amante, para besarte mientras te acaricia entero, cerrando los ojos y sin saber dónde estás, rindiéndose a la compañía inmensa de lo que está sucediendo.

Te hermanas con la sal, las aguas turbulentas, las ratas de alcantarilla y la colilla de los cigarrillos que pasaron por la boca de tus seres queridos. Y entonces, sientes y sobreviene el silencio…

# Despedida

## Días de lluvia

Cuando murió, nadie creyó su muerte y por eso aún esperamos su regreso. Mi madre adoptó forma de gota de lluvia y se encaramaba a los cristales de las habitaciones, deslizándose por el vidrio a modo de curso intermitente. Yo la vigilaba, incesantemente, desde el mismo sillón. Observaba cómo resbalaba zigzagueando la mugre y se detenía en el metal de la ventana, momento éste en que se extendía con amplitud, evaporándose poco a poco, o bien cayendo al suelo con toda solemnidad.

Era una intención prominente la que dejaba sin resuello aquel lugar de la habitación, y la gota, en el máximo apogeo de humedad, rezumaba espesura sobre sí misma, creciendo en transparencia y versatilidad.

Apenas pude convencer a mis hermanos de que permitiesen intacto el rincón húmedo en donde yacía la madre abrazada al mármol, cristalizada en las madrugadas de invierno y fresca en tantas tardes de calor abrumadoras, alimentada de la sombra que siempre tuvimos cautela en asegurar sobre su permanencia.

Cuando la gota desaparecía nos apresurábamos en abrir de par en par las ventanas, esperando los días de lluvia, con la nerviosa y cálida ilusión de que apareciese nuestra madre, volátil, fresca, liviana, transparente, que volviese a deslizarse por algún cristal de la casa, que iniciase un nuevo recorrido y tornase a su rincón de sombra. Apostábamos, escandalosos, entre todas las gotas de una tormenta, para encontrar a la madre, y aquél de nosotros que la reconocía sin error, gozaba del privilegio de informarle fielmente de lo acontecido en su ausencia, del tiempo transcurrido hasta entonces, de que aún no había vuelto, que continuábamos esperando su llegada, que permanecíamos leales a su voz. Que los días se hacían largos y aburridos sin ella. Que volviese pronto y, después, inevitablemente, que adiós... Justo entonces la gota caía al suelo, como desvanecida, y actuábamos con excitación para conservar la humedad de la sala y perpetuar así su volumen en la espesura de la sombra.

Pero todos sabíamos muy bien que aquéllas eran precauciones fugaces, pues la madre no tardaría en marchar de nuevo; se evaporaría otra vez, y que, tras noches de vigilia y sueños desvelados en torno a ella, volveríamos a despedir su huella en el mármol con *hastaprontos* desnudos, *notevayas* abominables, ganas atroces de desentrañar con violencia la humedad de la gota de agua. Nuestras manos palpaban ávidamente, se entremezclaban con torpeza en las losetas, acariciando el último resquicio mojado sobre el suelo; y sólo después cerrábamos los ojos, muy lentamente, con el deseo más profundo de que mañana se convirtiese en nuevo día de lluvia...

(*Sueño en un día de lluvia*)

Este libro fue escrito en Villaverde de Montejo,
Segovia, Mayo de 2013

# Notas del lector